EL LIBRO DE JOB

CON ILUSTRACIONES
EXPLICADO VERSO POR VERSO CON REVELACIÓN

"LA NECESIDAD DE UN MEDIADOR"

POR ESTHER GONZÁLEZ
Maestra-pastora

INTRODUCCIÓN

El tema principal del libro de Job es: La necesidad de un mediador."
También puede llamarse: "La piedad de un gentil, y; "¿Por qué
padece el justo?" Todo lo registrado en el libro duró un año. No se
sabe a ciencia cierta el nombre del autor. No importa el instrumento
que el Señor haya usado, lo cierto es que el Autor es el Espíritu
Santo.

El libro fue escrito hace más de tres mil años. Su fina oratoria es
muy superior a la de los sabios de todos los tiempos. La profecía en
él registrada; solamente pudo salir de la Mente de Dios.

Lo que es cierto es que este fue el primer libro que se escribió de la
Biblia. Algunos creen que el autor fue uno de los siguientes; Eliú,
Salomón, Ezequías. Esdras, o Job mismo.

Job era descendiente de Nacor, el hermano de Abraham. Moisés
tenía 51 años y vivía en Madián. El pueblo de Israel estaba en
esclavitud en Egipto. Job vivía en Uz, al sur de Canaán, en el norte
de Arabia. Él servía al Dios de Abraham, Isaac y Jacob.

CAPÍTULO # 1
¿Por qué padece el justo?

*Verso 1-3: "Hubo en tierra de Uz un varón llamado Job; y era este
hombre perfecto y recto, temeroso de Dios y apartado del mal. Y le
nacieron siete hijos y tres hijas. Su hacienda era siete mil ovejas,
tres mil camellos, quinientas yuntas de bueyes, quinientas asnas, y
muchísimos criados; y era aquel varón más grande que todos los
orientales."*

Un hombre perfecto y recto. ¡Cuán pocos hombres hay como Job!
Sólo el temor a Dios podía hacer que un hombre que no había nacido

de nuevo pudiera ser como él. La riqueza no le corrompió porque el temor a Dios prevaleció en su vida.

Para el creyente ser perfecto y recto es fácil; no sólo por el temor a Dios, sino también por el amor a Dios. Con muy poco esfuerzo, el creyente puede ser perfecto o "maduro" y recto. Su naturaleza espiritual es vida eterna, la naturaleza de Dios. Lo difícil es que un creyente no sea perfecto y recto. Una persona que dice ser creyente y no es perfecto y recto, puede que no haya nacido de nuevo del agua de la Palabra de Dios, (1 Pedro1:23, Juan 3:5).

Lo que el creyente no debe hacer es tratar de vestirse de justicia propia, como Job, porque esto le trae problemas; como se la trajo a éste. Las buenas obras del creyente las hace Cristo a través de él.

Versos 4-5: "E iban sus hijos y hacían banquetes en sus casas, cada uno en su día; y enviaban a llamar a sus tres hermanas para que comiesen y bebiesen con ellos. Y acontecía que habiendo pasado en turno los días del convite, Job enviaba y los santificaba, y se levantaba de mañana y ofrecía holocaustos conforme al número de ellos. Porque decía Job: quizá habrán pecado mis hijos, y habrán blasfemado contra Dios en sus corazones. De esta manera hacía todos los días."

Los siete hijos varones hacían banquete, e invitaban a sus tres hermanas. El Salmo 133 dice: "Mirad cuan bueno y cuan delicioso es; Habitar los hermanos juntos en armonía." El padre, celoso por las cosas de Dios, los santificaba, y ofrecía holocaustos por si habían pecado.

Versos 6-7: "Un día vinieron a presentarse delante de Jehová los hijos de Dios, entre los cuales vino también Satanás. Y dijo Jehová a Satanás: ¿De dónde vienes? Respondiendo Satanás a Jehová, dijo: De rodear la tierra y de andar por ella."

Los hijos de Dios que fueron a presentarse delante de Dios eran los ángeles. Entre ellos vino Satanás. ¿Por qué pudo entrar a esa reunión? El pecado de Adán le dio el derecho de entrar a acusar a los hombres. El venía de rodear la tierra. La serpiente antigua viajaba por todo el todo el Universo, incluyendo el cielo.

Hebreos 9:12 dice: "Y no por sangre de machos cabríos ni de becerros, sino por su propia sangre, entró una vez para siempre en el Lugar Santísimo, habiendo obtenido eterna redención." El verso 23 dice: "Fue, pues, necesario que las cosas celestiales fuesen purificadas así, pero las cosas celestiales mismas, con mejores sacrificios que estos."

Cristo, como el Gran Sumo Sacerdote de la línea de Melquisedec, entró al Lugar Santísimo celestial con su propia sangre. Con ella, no sólo obtuvo nuestra redención eterna, sino que también purificó el Lugar Santísimo celestial, el cual era manchado por Satanás cuando entraba sin ser invitado. Cristo lo arrojó al sub-lunar. El aire que nos rodea es su territorio y el de sus demonios. (Efe.6:12). (Los demonios no son ángeles caídos porque estos están atados en el Tártaro, (2 Pedro 2:4, Judas 6).

Verso 8: "Y Jehová dijo a Satanás: ¿No has considerado a mi siervo Job, que no hay otro como él en la tierra, varón perfecto y recto, temeroso de Dios y apartado del mal?"

La fe de Job debía ser probada como el oro. ¿Necesitaría Dios probar la fe de Job? ¡No! El Señor es omnisciente. Él sabía que Job pasaría la prueba, pero el diablo no lo sabía. Así también la fe del creyente es probada como el oro, no por causa de Dios, sino por causa del diablo. Sin embargo esta prueba era necesaria para que Job se despojara de sus vestidos de justicia propia. Dios tenía su plan en todo esto.

El paladín de Dios iba a ser lanzado a la arena. Dios lo puso en problemas. Dios no pone más carga de la que podamos soportar.

Versos 9-11: "Respondiendo Satanás a Jehová, dijo: ¿Acaso teme Job a Dios de balde? ¿No le has cercado alrededor a él y a su casa y a todo los que tiene? Al trabajo de sus manos has dado bendición; por tanto, sus bienes han aumentado sobre la tierra. Pero extiende ahora tu mano y toca todo lo que tiene y verás sin no blasfema contra ti en tu misma presencia."

¡Qué gran profecía para nosotros! El Señor había bendecido a Job. Su gracia especial en este caso; por cumplir un propósito divino; le había rodeado y protegido. Así el creyente fiel es rodeado y protegido por los ángeles ministradores. Todo lo que tiene el creyente es bendecido. Sus hijos, herederos de salvación, participan de la bendición.

Sin embargo, muchas veces debemos pasar por pruebas, o exámenes; los cuales nos pasan de grado en el reino espiritual; dando por resultado una madurez que nos permite pasar por pruebas mayores, conscientes de que vivimos siempre en victoria; e independientes de las circunstancias. Satanás retó a Dios. "Déjame probarlo"

Verso 12: "Dijo Jehová a Satanás: He aquí todo lo que tiene está en tu mano; solamente no pongas tu mano sobre él. Y salió Satanás de delante de Dios."

¿Por qué Dios le permitió a Satanás probar a Job? El diablo tenía derecho legal sobre Job. Cristo no había venido a redimir la raza humana. Este era el caso de los israelitas. Ellos estaban protegidos por la sangre del pacto de Abraham, sin embargo, debían estar haciendo sacrificios de sangre de animales inocentes para poder acercarse a Dios. El sumo sacerdote era el único que podía entrar al

Lugar Santísimo, una sola vez al año; con sangre para expiar sus propios pecados, y los del pueblo.

Los creyentes, bajo el pacto en la sangre de Cristo, viven en la presencia de Dios todo el tiempo. Su Gran Sumo Sacerdote es Cristo quien vive para siempre para interceder por ellos, (Hebreos 7:25, Hechos. 17:28).

Dios, como soberano, y por una gracia especial; no le permitiría a Satanás tocar a Job, pero le dio permiso de tocar lo que este tenía.

Versos 13-15: "Y un día aconteció que sus hijos e hijas comían y bebían vino en casa de su hermano primogénito, y vino una mensajero a Job y le dijo: Estaban arando los bueyes, y las asnas paciendo cerca de ellos, y acometieron los sabeos y los tomaron, y mataron a los criados a filo de espada; solamente escapé yo para darte la noticia."

En el primer ataque, el diablo usó a los sabeos para que mataran a los criados, y se robaron mil bueyes y quinientas burras. Los bueyes eran usado para la labranza y para carga de los productos Las burras daban leche. Esta leche se usaba para los niños y para limpieza cosmética. Cleopatra se bañaba en la leche de las burras.

Verso 16: "Aún estaba hablando, cuando vino otro que dijo: Fuego de Dios cayó del cielo, que quemó las ovejas y los pastores, y los consumió; solamente escapé yo para darte la noticia."

En el segundo ataque, los rayos mataron siete mil ovejas y a los pastores. Las ovejas daban leche, lana y carne. El diablo usó la naturaleza para este ataque. Desde la caída de Adán el diablo la ha usado para destruir la humanidad.

Verso 17: "Todavía estaba éste hablando, y vino otro que dijo: Los caldeos hicieron tres escuadrones, y arremetieron contra los y solamente escapé yo para darte la noticia."

En verdad estos ataques llevaban el sello del diablo. Venía uno tras otro. Esta vez fueron los caldeos. Mataron a los criados, y se llevaron tres mil camellos. El siempre dejaba escapar uno de los criados para que le diera la noticia a Job.

Versos 18-19: "Entretanto que este hablaba, vino otro que dijo: Tus hijos y tus hijas estaban comiendo y bebiendo vino en casa de su hermano el primogénito; y un gran viento vino del lado del desierto y azotó las cuatro esquinas de la casa, y murieron; y solamente escapé yo para darle la noticia."

Los cuatro mensajeros fueron preservados para ser portadores de malas noticias. Estos ataques serían un tipo de los cuatro caballos de Apocalipsis. Este último fue el que trajo las peores. Lo más preciado que Job tenía eran sus hijos e hijas. Ya el diablo le había quitado su sustento; ahora le quitaba la luz de sus ojos; le quitaba a quienes le cuidarían y le protegerían.

El diablo usó un tornado para matar a los diez hijos de Job. ¿Puede el diablo matar? ¡Sí! Pero sólo a sus hijos. Los hijos de Job eran legalmente del diablo. Cristo aún no había venido a redimir la raza humana de su unión legal con Satanás. A Job no podía matarlo por causa de la gracia especial de Dios hacia él.

Versos 20-22: "Entonces Job se levantó, y rasgó su manto, y rasuró su cabeza, y se postró en tierra y adoró, y dijo: Desnudo salí del vientre de mi madre, y desnudo volveré allá. Jehová dio, y Jehová quitó; sea el nombre de Jehová bendito. En todo esto no pecó Job, ni atribuyó a Dios despropósito alguno."

Cuando Job recibió las tres primeras noticias, se mantuvo sereno. Total; eran posesiones materiales; pero ahora la noticia le calaba muy hondo. En vez de protestar, quejarse o contender con Dios, Job se vistió de luto, se postró sobre su rostro, y adoró a Dios.

Tenemos que entender que para un oriental no tener hijo que perpetuaran su nombre, era una desgracia terrible. Para Job, tener que dar su cansada vida no era tan terrible como perder sus hijos, y sus nietos que no habían nacido aún.

Él sabía que había salido desnudo de su madre; y desnudo volvería a la madre tierra. Aquí aprendemos que los hijos son sólo un préstamo. No son nuestros. Dios los puso a nuestro cuidado para que los criemos para él. ¿Qué cuenta daremos a Dios de nuestros hijos? Pidamos gracia al Señor para que no pensemos que son nuestros, sino que veamos la gran responsabilidad que Dios ha puesto en nuestras manos.

Ellos son seres eternos, que debemos instruir en las cosas espirituales. Depende mucho de nosotros donde ellos han de pasar la eternidad. "Instruye al niño en su carrera, y cuando fuere viejo no se apartará de ella." (Prov. 22:6).

CAPÍTULO # 2

Versos 1-3: "Aconteció que otro día vinieron los hijos de Dios a presentarse delante de Jehová , y Satanás vino también entre ellos presentándose delante de Jehová. Y dijo Jehová a Satanás: ¿De dónde vienes? Respondió Satanás a Jehová, y dijo: De rodear la tierra y de andar por ella.

Y Jehová dijo a Satanás: ¿No has considerado a mi siervo Job, que no hay otro como él en la tierra, varón perfecto y recto, temeroso de Dios y apartado del mal, y que todavía retiene su integridad, aun cuando tú me incitaste contra él para que lo arruinara sin causa?"

Otra reunión en el cielo. Satanás apareció de nuevo sin haber sido invitado. El Señor vuelve a llamar su atención al preguntar por Job. Satanás estaba enojado, porque con todo lo que le había hecho a Job, no había podido hacer que blasfemara contra Dios.

Sin embargo: ¿Quién incitó realmente a quién? El pobre Job estaba tranquilo; feliz con sus hijos. De pronto le vino todo este mal.

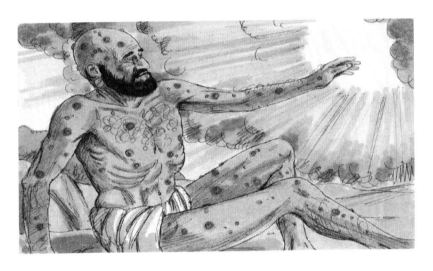

Versos 4-6: "Respondiendo Satanás, dijo a Jehová: Piel por piel, todo lo que el hombre tiene dará por su vida. Pero extiende ahora tu mano, toca su hueso y su carne, y verás si no blasfema contra ti en tu misma presencia. Y Jehová dijo a Satanás: He aquí él está en tu mano; mas guarda su vida."

En su respuesta a Dios, el diablo implica que si toca a Job en su cuerpo, blasfemaría contra Dios. Ciertamente el dolor físico es el peor de todos los dolores. Entonces Dios le dio permiso para que tocase el cuerpo físico de Job, pero le prohibió tocar su vida, que es su mente y su espíritu.

Versos 7-8: "Entonces salió Satanás de la presencia de Jehová, e hirió a Job con una sarna maligna desde la planta del pie hasta la coronilla de su cabeza. Y tomaba Job un tiesto para rascarse con él, y estaba sentado en medio de ceniza."

La enfermedad que Satanás le trajo: Sarna maligna; o carbunclo cutáneo. El picor era insoportable; tanto que el pobre Job tenía que sentarse en ceniza, que contiene potasa; y rascarse con un pedazo de teja. Debemos recordar que en aquel tiempo no había ni aspirina. Sin embargo, parece que la potasa de la ceniza era usada para el eccema.

Verso 9: "Entonces le dijo su mujer: ¿Aún retienes tu integridad? Maldice a Dios, y muérete."

Los judíos dicen que la mujer de Job era Dina la hija de Jacob; pero ésta existió en el año 1789 AC, y Job en el 1520 AC. O sea, 269 años antes. No sabemos quién era la mujer; lo único que se vislumbra aquí es que ella fue usada como un micrófono por Satanás para darle a Job tan siniestro consejo.

Lázaro tenía llagas por todo el cuerpo; mas al menos los perros le lamían las llagas; pero el pobre Job lo que tenía era una mujer amargada por el sufrimiento, por la pérdida de sus hijos y de sus bienes, y la enfermedad de su marido.

Verso 10: "Y él le dijo: Como suele hablar cualquiera de las mujeres fatuas, has hablado. ¿Qué? ¿Recibiremos de Dios el bien, y el mal no lo recibiremos? En todo esto no pecó Job con sus labios."

Job reprendió a su esposa por sus palabras. Él pensaba que era Dios quien le enviaba aquellas terribles plagas. Así muchos, cuando le vienen enfermedades o problemas, piensan que son castigos de Dios.

En primer lugar, Dios no le envía enfermedades a nadie. Donde Dios habita no hay enfermedad. Fue Satanás quien pobló el aire de gérmenes de enfermedad, sacadas del mismo infierno. Note que la mayoría de las plagas, como el Flú, el Sida, el Ebola, etc. vienen de África. Otras vienen de China e India. Todas vienen de países hundidos en las tinieblas espirituales.

Por otra parte, cuando violamos las leyes del cuerpo, abrimos la puerta a la enfermedad. La gula tiene consecuencias funestas. Los vicios destruyen el cuerpo. El hombre, con sus dientes, abre la sepultura.

Versos 11-13: "Y tres amigos de Job, Elifaz temanita, Bildad suhita, y Zofar naamatita, luego que oyeron todo este mal que le había sobrevenido, vinieron cada uno de su lugar; porque habían convenido en venir juntos para condolerse de él y para consolarle.

Los cuales, alzando los ojos desde lejos, no lo conocieron, y lloraron a gritos, y cada uno de ellos rasgó su manto, y los tres esparcieron polvo sobre sus cabezas hacia el cielo. Así se sentaron por siete días y siete noches, y ninguno le hablaba palabra, porque veían que su dolor era muy grande."

Tres amigos visitaron Job. Ellos eran tres jeques; jefes de tribus. Elifaz, era de la descendencia de Esaú. Bildad; de la línea de Súa, hijo de Abraham y Cetura. Zofar; de la línea de Esaú.

Ellos quedaron mudos al ver la condición de su amigo; y rasgaron sus mantos en señal de luto. Así estuvieron siete días. No tocaron el tema de la condición de Job; mas pasados los siete días; después de analizar la situación; se sintieron listos a abordar el tema. Sus consuelos no iban a ser tales, sino más bien juicios y acusaciones.

CAPITULO # 3

Depresión

Versos 1-6: "Después de esto abrió Job su boca, y maldijo su día. Y exclamó Job, y dijo: Perezca el día en que yo nací, Y la noche en que se dijo: Varón es concebido. Sea aquel día sombrío. Y no cuide de él Dios desde arriba, Ni claridad sobre él resplandezca. Aféenlo tinieblas y sombra de muerte; Repose sobre él el nublado Que lo haga horrible como día caliginoso. Ocupe aquella noche la oscuridad; No sea contada entre los días del año, Ni venga en el número de los meses."

La depresión de Job es la causa de la salida torrentosa de sus palabras. El maldice el día en que nació. Esta es una oración realmente, en forma de queja; pues el único que vive en el eterno presente es Dios. Él es el único que puede ver el día en que Job nació. En Jeremías 20:14 está registrada una queja similar.

Versos 7-10: "¡Oh, que fuera aquella noche solitaria, Que no viniera canción alguna en ella! Maldíganla los que maldicen el día, Los que se aprestan para despertar a Leviatán. Oscurézcanse las estrellas de su alba; Espere la luz, y no venga, Ni vea los párpados de la mañana; Por cuanto no cerró las puertas del vientre donde yo estaba, Ni escondió de mis ojos la miseria."

El poema continúa con la triste queja de Job. Los que maldicen el día son los ocultistas, los espiritistas, y los encantadores. Ellos son los que despiertan al Leviatán; el diablo. Aquí nos damos cuenta que Job no quería continuar viviendo. Así anhelan la muerte los que sufren enfermedades terminales y dolorosas.

Versos 11-15: "¿Por qué no morí yo en la matriz, O expiré al salir del vientre? ¿Por qué me recibieron las rodillas? ¿Y a qué los pechos para que mamase? Pues ahora estaría yo muerto, y reposaría; Dormiría, y entonces tendría descanso, Con los reyes y los consejeros de la tierra, que reedifican para sí ruinas; O con los príncipes que poseían el oro, Que llenaban de plata sus casas."

Job continúa su monólogo, mientras sus amigos le observan. Esto nos recuerda a Jesús, en el Salmo 22:1-22; colgando de la cruz, inflamado por la fiebre.

En su monólogo, Job se da cuenta que el hombre al nacer, es el más débil de las criaturas. Debe haber rodillas que lo sostengan para poder tomar alimento. Los animales, sin embargo, se paran y buscan el alimento por sí mismos.

Los reyes y los príncipes, no pueden sobornar la muerte con sus riquezas. Ellos se hacen panteones y mausoleos para esconder la ruina de sus cuerpos físicos; mucho menos pueden comprar la salvación con obras, oro ni plata.

Versos 16-19: "¿Por qué no fui escondido como un abortivo, Como los pequeñitos que nunca vieron la luz? Allí los impíos dejan de perturbar, Y allí descansan los de agotadas fuerzas. Allí también reposan los cautivos; No oyen la voz del capataz. Allí están el chico y el grande. Y el siervo libre de su señor."

El que reposa en el sepulcro es el cuerpo, no el alma, ni el espíritu. Job no sabía nada del Seno de Abraham. Esto lo reveló Cristo. Para el creyente, el morir es ganancia. El creyente sabe que al morir se va con Cristo. En tiempos de Job, los que tenían pacto con Dios, iban al Seno de Abraham; pero los que no tenían pacto, iban al infierno; y allí no hay reposo.

Versos 20-23: "¿Por qué se da luz al trabajado, Y vida a los de ánimo amargo, Que esperan la muerte, y ella no llega, Aunque la buscan más que a tesoros; Que se alegran sobremanera, Y se gozan cuando hallan el sepulcro? ¿Por qué se da vida al hombre que no sabe por dónde ha de ir, y a quien Dios ha encerrado?"

Esta es la queja de dolor de la enfermedad. Hoy tenemos drogas para aliviar el dolor de la enfermedad; pero en tiempos pasados no había;

sino las que daban los que tenían conocimiento de las propiedades de las plantas. Los enfermos ansiaban la muerte. El problema es que muchos piensan que la muerte pone fin a sus problemas; sin embargo, allí es que realmente comienzan para el que ha rechazado a Cristo, o no le ha conocido.

Versos 24-26: "Pues antes que mi pan viene mi suspiro, y mis gemidos corren como aguas. Porque el temor que me espantaba me ha venido, Y me ha acontecido lo que yo temía. No he tenido paz, no me aseguré, ni estuve reposado; No obstante, me vino turbación."

Job no sentía deseos de tomar alimentos. ¿Qué puede satisfacer al espíritu agonizante, y al cuerpo adolorido? El Señor le prohíbe al creyente tener temor. El temor es miedo que esclaviza; es fe en lo que el diablo pueda hacernos. El temor, sembrado en el reino espiritual; da a luz lo que nos atemoriza.

CAPITULO # 4
Acusa a Job de pecado

Versos 1-5: "Entonces respondió Elifaz semanita, y dijo: Si probáremos a hablarte, te será molesto; Pero ¿quién podrá detener las palabras? He aquí, tú enseñabas a muchos, Y fortalecías las manos débiles; Al que tropezaba enderezaban tus palabras, y esforzabas las rodillas que decaían. Más ahora que el mal ha venido sobre ti, te desalientas; Y cuando ha llegado hasta ti, te turbas."

Elifaz, el amigo de Job, trata de consolarlo, pero en vez de ello lo que le dice es acusación en vez de consuelo. Realmente hay amigos que son como aguijones. Elifaz no ve lo que le sucede a Job. Él no puede darse cuenta de la batalla que dio comienzo en el reino del espíritu y continuó con lo físico. Es por eso que acusa a Job de pecado. Él le dice: "Maestro, enséñate a ti mismo."

Versos 6-7: "¿No es tu temor a Dios tu confianza? ¿No es tu esperanza la integridad de tus caminos? Recapacita ahora; ¿qué inocente se ha perdido? Y ¿en dónde han sido destruidos los rectos?"

El amigo acusa a Job de debilidad, de falta de fe y de hipocresía. Los inocentes, si no tienen pacto con Dios, se pierden. Abel fue recto, mas Caín lo mató.

CON AMIGOS COMO ESTOS, NO SE NECESITAN ENEMIGOS

Versos 8-9: "Como yo he visto, los que aran iniquidad Y siembran injuria, la siegan. Perecen por el aliento de Dios, Y por el soplo de su ira son consumidos."

En el caso de Job, esta es una verdad mal aplicada. Job no había arado injuria, ni sembrado iniquidad. Elifaz ni sabía de qué hablaba.

Versos 10-11: "Los rugidos del león, y los bramidos del rugiente, Y los dientes de los leoncillos son quebrantados. El león viejo perece por falta de presa, Y los hijos de la leona se dispersan."

El león aquí se refiere al diablo, y los leoncillos a los demonios. El león viejo, el diablo; no puede tocar al creyente. Aquí parece que Elifaz hace referencia a los hijos de Job, dando por sentado que perecieron por culpa de los pecados de sus padres.

Versos 12-15: "El asunto también me era a mí oculto; Mas mi oído ha percibido algo de ello. En imaginaciones de visiones nocturnas, Cuando el sueño cae sobre los hombres, Me sobrevino un espanto y un temblor, Que estremeció todos mis huesos; Y al pasar un espíritu por delante de mí, Hizo que se erizara el pelo de mi cuerpo."

Esa fue una experiencia de Elifaz. Él estaba dormido en su tienda, y vio una visión. Dios hablaba al hombre por medio de visiones y de sueños. (Job 33:14 -15). Hoy nos habla por medio de su Palabra. Podemos tener visiones, como los profetas: pero, el profeta más seguro es la Palabra.

*Versos 16-19: "Paróse delante de mis ojos un fantasma, Cuyo rostro yo no conocí, Y quedo, oí que decía: ¿Será el hombre más justo que Dios? Será el varón más limpio que el que lo hizo. He aquí, en sus siervos no confía, Y notó necedad en los ángeles; Cuánto más en los que habitan en casas de barro, Cuyos cimientos están en el **polvo, Y que serán quebrantados por la polilla.**"*

Elifaz vio un mensajero divino. Este venía a darle una enseñanza especial. El no confía ni en ángeles, porque la tercera parte de ellos se rebeló con Satanás. Otra parte se unió en matrimonio con las hijas de los hombres antediluvianos, (Gen. 6), Moffatt, .Weymouth, y Living Bible.

Tampoco confía en hombres que habitan en cuerpos de barro, que llevan la polilla dentro de ellos, y cuyas prioridades están en las cosas del mundo.

Versos 20-21: "De la mañana a la tarde son destruidos, Y se pierden para siempre, sin haber quien repare en ello. Su hermosura, ¿no se pierde con ellos mismos? Y mueren sin haber adquirido sabiduría."

Esto no se aplicaba a Job, pues él hacía altares y holocaustos. Tal vez se aplicaba al mismo Elifaz. En aquel tiempo no había redención; la humanidad entera estaba perdida. Solamente los descendientes de Abraham iban al Seno de Abraham, a esperar la redención en Cristo. La tierra reclamaba lo que le pertenecía, y el infierno también.

CAPITULO # 5
Verdad mal aplicada

Versos 1-5: "Ahora, pues, da voces; ¿habrá quien te responda? ¿Y a cuál de los santos te volverás? Es cierto que al necio lo mata la ira, Y al codicioso lo consume la envidia. Yo he visto al necio que echaba raíces, Y en la misma hora maldije su habitación. Sus hijos estarán lejos de la seguridad; En la puerta serán quebrantados, Y no habrá quien los libre. Su mies comerán los hambrientos, Y la sacarán de entre los espinos. Y los sedientos beberán su hacienda."

Vuelve Elifaz con su discurso y amonestación a Job. Él dice verdades, el problema era que eran mal aplicadas en el caso de Job. Él lo acusa de necio y de codicioso. Le dice que lo que tiene es un castigo de Dios. Que por eso los sabeos y los caldeos le arrebataron sus animales.

¡Cuántas veces nosotros mismos juzgamos sin conocer las circunstancias! Por eso Jesús nos dice que no juzguemos porque con la misma vara que medimos seremos medidos.

Versos 6-9: "Porque la aflicción no sale del polvo, ni la molestia brota de la tierra. Pero como las chispas se levantan para volar por el aire, Así el hombre nace para la aflicción. Ciertamente yo buscaría a Dios, Y encomendaría a él mi causa; El cual hace cosas grandes e inescrutables, Y maravillas sin número."

Elifaz continúa su argumento. Él cree que la aflicción de Job tiene que tener una causa. Que el pecado es quien ha traído estos problemas. Detrás de la risa, viene la mueca del dolor. Entonces aconseja a Job que busque a Dios.

Versos 10-13: "Que da la lluvia sobre la faz de la tierra, Y envía las aguas sobre los campos; Que pone a los humildes en altura, Y a los enlutados levanta a seguridad; Que frustra los pensamientos de los astutos, Para que sus manos no hagan nada; Que prende a los sabios en la astucia de ellos, Y frustra los designios de los perversos."

Nunca podremos apreciar en todo su valor la lluvia que depende de Dios. Él envía la lluvia para la plenitud de su mesa. La tierra es la mesa de Dios, de la cual todos participamos. La maldición de la sequía es una muestra del desagrado de Dios. La falta de agua trae el hambre, la cual se torna en debilidad, enfermedad y muerte.

Dios exalta al humilde y a los enlutados consuela. Él nos ha librado de la potestad de las tinieblas, del dominio de la serpiente antigua. Él ha prendido al diablo astuto en su misma astucia, como Amán y Ahitofel; quienes cayeron en sus mismas trampas. Pero aunque Elifaz le aplicaba estas acusaciones a Job, éste era inocente de ellas.

Versos 14-16: "De día tropiezan con tinieblas, Y a mediodía andan a tientas como de noche. Así libra de la espada al pobre, de la boca de los impíos, y de la mano violenta; Pues es esperanza al menesteroso, Y la iniquidad cerrará su boca."

Las tinieblas son el territorio del diablo. La ignorancia de la Palabra de Dios, es la peor de las tinieblas. Los perversos, o los perdidos, (aunque sean muy buenos), viven en ese territorio. Fue de esa autoridad que Dios nos ha librado, y trasladado al reino de la luz; el reino del Amado, Col. 1:13.

Versos 17-18: "He aquí, bienaventurado es el hombre a quien Dios castiga; por tanto no menosprecies la corrección del Todopoderoso. Porque él es quien hace la llaga, y él la vendará; El hiere, y sus manos curan."

Esta es otra verdad que no se aplica a Job. Dios no le estaba castigando, ni corrigiendo; más bien le estaba probando al diablo que con su gracia divina, Job pasaría la prueba y se mantendría fiel.

Es cierto que el Señor al hijo que ama lo disciplina, (Hebreos 12:5). Sin embargo la disciplina que el creyente recibe es para su crecimiento espiritual. Casi siempre es para enseñarle a depender de Cristo, no de sus fuerzas, ni del mundo.

También la prueba es para doblegar el orgullo del yo. Las heridas emocionales a veces parecen peores que las físicas, pero son necesarias para nuestro desarrollo. El Señor del Jardín, está siempre mirando las plantitas para cortar de ellas algún brote que la perjudique.

Verso 19: "En seis tribulaciones te librará, Y en la séptima no te tocará el mal. En el hambre te salvará de la muerte, Y del poder de la espada en la guerra."

Estas son algunas de las promesas del Señor a sus hijos. Aunque haya hambre en el mundo; sus hijos estarán saciados. A los Israelitas le enviaba maná; y ellos eran siervos: ¡Cuánto más hará para sus hijos!

Los creyentes no deben tener miedo a la muerte, pues ella es el mensajero que nos lleva de regreso al hogar. Cristo venció la muerte y le quitó su aguijón, que era el pecado. (1 Cor.15: 54-55).

Él nos libra de los estragos de la guerra; de la espada del enemigo. Mientras haya sal en la tierra, (Creyentes), ni el enemigo, ni sus ejércitos, podrá tocarnos.

Cuando la persecución de la Iglesia se haga insoportable; cuando exista el riesgo contra la vida de la multitud de hermanos; Cristo vendrá a buscarnos. Sin embargo, no podemos negar que algunos sellarán con sangre su fe, pero serán muy pocos; y por algún propósito especial.

Versos 21-23: "Del azote de la lengua serás encubierto; No temerás la destrucción cuando viniere. De la destrucción y del hambre te reirás, Y no temerás a las fieras del campo. Pues aún con las piedras del campo tendrás tu pacto, Y las fieras del campo estarán en paz contigo"

El Señor promete librarnos de la calumnia y de los desastres naturales. No hay que temer a las tormentas, ni a los tornados, ni a las trombas marinas, ni a los temblores, ni a las malas noticias. Naturalmente no los desafiaremos, sino que sabiamente buscaremos refugio; y el Señor nos guardará.

Tampoco hay que tener miedo a las fieras, (aunque no debemos desafiarlas), porque el Señor le ha devuelto al creyente en Cristo; no sólo el dominio, sino también la compasión hacia todas las criaturas; que aunque salvajes y fieras, son más inocentes que el hombre. Las fieras cazan por hambre, pero el hombre caza por deporte.

Versos 25-27: "Asimismo echarás de ver que tu descendencia es mucha, Y tu prole como la hierba de la tierra. Vendrás en la vejez a la sepultura, Como la gavilla de trigo que se recoge a su tiempo. He aquí lo que hemos adquirido, lo cual es así; Óyelo, y conócelo tú para tu provecho"

Nos parece estar leyendo el Salmo 23. La promesa de la descendencia. Aunque seamos estériles, podemos tener descendencia. Si damos amor a los niños de los familiares, o si adoptamos niños, tendremos grande descendencia. El amor tiene su paga. Cuando lleguemos a la larga vida, y vejez prometida, no estaremos solos, sino rodeados de hijos, nietos, biznietos que nos cuiden y nos mimen. ¡Sembremos amor, y cosecharemos sus frutos!

Note que nuestra vida es como la manzana. La muerte no tiene que ser una enfermedad como un gusano que roe la manzana, sino como la manzana madura cae del árbol, arrugada, pero sin gusano.

Elifaz concluye su discurso recordando que estas verdades las aprendió de los padres; Abraham, Isaac y Jacob. Job le ha escuchado con paciencia. Él no le devuelve las injurias.

Nosotros, Como Elifaz, muchas veces hacemos juicios injustos, sin conocer toda la verdad.

CAPÍTULO # 6
Job escucha con paciencia

Versos 1-4: "Respondió Job, y dijo: ¡Oh, que pesasen justamente mi queja y mi tormento, Y se alzasen igualmente en balanza! Porque pesarían ahora más que la arena del mar; Por eso mis palabras han sido precipitadas. Porque las saetas del Todopoderoso están en mí, Cuyo veneno bebe mi espíritu; Y terrores de Dios me combaten."

Job pide excusas por las palabras que habló motivadas por el dolor de la enfermedad, el conocimiento de su pobreza y el luto por la muerte de sus hijos; su tesoro más preciado. Job piensa que sus males vienen se Dios. En parte era cierto, porque Él le dio permiso al diablo para que lo atacara.

Debemos tener en cuenta que en el Antiguo Testamento, no se tenía conocimiento de la existencia de Satanás. Ellos pensaban que todos los males que le venían al pueblo Israelita, venían de Jehová. En el Nuevo Testamento se descorre la cortina, y Satanás queda descubierto.

Versos 5-7: "¿Acaso gime el asno montés junto a la hierba? ¿Muje el buey junto a su pasto? ¿Se comerá lo desabrido sin sal? ¿Habrá gusto en la clara del huevo? Las cosas que mi alma no quería tocar, Son ahora mi alimento."

Aquí Job llora su pobreza. Ya no posee nada: sólo una mujer tan adolorida como él. Él nunca había experimentado la pobreza. Ahora debe comer lo que aparezca, como hacen los pobres. La pobreza es el resultado de la maldición. Satanás le había quitado todo, y lo había hundido en ella.

Versos 8-10: "¡Quién me diera que viniese mi petición, Y que me otorgase Dios lo que anhelo, Y que agradara a Dios quebrantarme; Que soltara su mano, y acabara conmigo! Sería mi consuelo, Si me asaltase con dolor sin dar más tregua, Que yo no he escondido las palabras del Santo."

En su desesperación; Job desea morir. ¿Se imagina un cuerpo lleno de tumores, de cabeza a pies? No sólo sentía el dolor y la inflamación, sino también el picor horrible de la sarna maligna que le acompañaba. El reclama que como profeta, había dado la Palabra de Dios a los que debían recibirla. ¿Podremos nosotros decir lo mismo?

Versos 11-13: "¿Cuál es mi fuerza para esperar aún? ¿Y cuál mi fin para que tenga paciencia? ¿Es mi fuerza la de las piedras, O es mi carne de bronce? ¿No es así que ni aún a mí mismo no puedo valer, Y que todo auxilio me ha faltado?"

Job declara que ya no tiene fuerzas. Esta era una triste condición. La debilidad atenazaba su cuerpo. Todos le habían abandonado. Sólo tres amigos, como aguijones habían venido a torturarlo más. ¡Con amigos como aquellos, Job no necesitaba enemigos!

La ventaja del creyente bajo la gracia, es que no depende de sus fuerzas, sino de la de Aquel, que da fuerzas al que no tiene ningunas.

Versos 14-18: "El atribulado es consolado por su compañero; Aun aquel que abandona el temor del Omnipotente. Pero mis hermanos me traicionaron como un torrente; pasan como corrientes impetuosas Que están escondidas por la helada, Y encubiertas por la nieve; Que al tiempo del calor son deshechas, Y al calentarse, desaparecen de su lugar; Se apartan de la senda de su rumbo, Van menguando, y se pierden."

Job se queja de que sus familiares le han abandonado. Todos se alejan del que cae en la ruina. Sin embargo, el que consuela a su amigo en tiempos de prueba y dificultad; aunque no esté bien con Dios, tiene derecho de alcanzar su misericordia; porque el misericordioso alcanzará misericordia.

Sus hermanos habían sido como ríos impetuosos cuando Job era rico; pero ahora se han enfriado con él.

Versos 19-20: "Miraron los caminantes de Temán. Los caminantes de Sabá esperaron en ellas; Pero fueron avergonzados por su esperanza; Porque vinieron hasta ellos, y se hallaron confusos."

Job era famoso por su hospitalidad. Cuando llegaron a él, se encontraron con la triste condición de su anfitrión; y estaban confundidos. ¿Qué pasó aquí?, se preguntaban. Ellos no podían comprender que tanta desgracia le viniera a una sola persona en tan corto tiempo. Ellos esperaban las aguas impetuosas de la bondad de Job, pero hallaron que no había nada.

Versos 21-23: "Ahora ciertamente como ellas sois vosotros; Pues habéis visto el tormento, y teméis. ¿Os he dicho: Traedme, Y pagad por mí vuestra hacienda; Libradme de la mano del opresor, y redimidme del poder de los violentos?"

"Ustedes son como aquellas aguas impetuosas; que se han congelado al mirar mi condición." Yo no les he pedido nada.

Versos 24-26: "Enseñadme, y yo callaré; Hacedme entender en que he errado. ¡Cuán eficaces son las palabras rectas! Pero, ¿qué reprenden la cesura vuestra? ¿Pensáis censurar palabras, Y los discursos de un desesperado, que son como viento? También os arrojaréis sobre el huérfano, Y caváis un hoyo para vuestro amigo.

¿De qué me acusan? ¿Suelen acusar mi desvarío? ¿No se dan cuenta que mis palabras son la salida torrentosa del dolor que me consume? Es muy fácil juzgar a otro cuando no estamos en sus zapatos.

Versos 28-30: "Ahora, pues, si queréis, miradme, Y ved si digo mentira delante de vosotros. Volved aún a considerar mi justicia en esto. ¿Hay iniquidad en mi lengua? ¿Acaso no puede mi paladar discernir las cosas inicuas?"

"Mírenme a los ojos. Díganme si he blasfemado" Aunque el dolor de Job eran tan intenso, aún no había perdido el juicio. Tal vez hubiera sido una misericordia que lo hubiera perdido, pero el diablo no podía tocar su alma, ni su espíritu.

CAPITULO # 7
No hay medicina

Veros 1-4: "¿No es acaso brega la vida del hombre sobre la tierra, y sus días como los días de jornalero? Como el siervo suspira por la sombra, Y como el jornalero espera el reposo del trabajo, Así he recibido meses de calamidad Y noches de trabajo me dieron por cuenta. Cuando estoy acostado, digo: ¿Cuándo me levantaré? Mas la noche es larga, y estoy lleno de inquietudes hasta el alba."

Job dice que la vida del hombre es corta sobre la tierra. La vida es una lucha constante. Al menos el jornalero descansa. Él se queja de los meses que ha estado enfermo, lleno de dolor. Gracias a Dios que en este tiempo hay medicamentos que alivian en algo el dolor de los enfermos. En aquel tiempo no había. ¡Ciertamente nos ha tocado vivir en buenos tiempos!

Versos 5-10: "Mi carne está vestida de gusanos, y de costras de polvo; mi piel hendida y abominable. Y mis días fueron más veloces que la lanzadera del tejedor. Y fenecieron sin esperanza. Acuérdate que mi vida es un soplo, Y que mis ojos no volverán a ver el bien. Los ojos de los que me ven, no me verán más; Fijarás en mí tus ojos, y dejaré de ser. Como la nube se desvanece y se va, Así el que desciende al Seol no subirá; No volverá más a su casa, Ni su lugar le conocerá más."

Ya Job ha perdido la esperanza. El contempla su cuerpo lleno de gusanos que salen por las hendiduras de su piel. ¿De dónde salen los gusanos que devoran nuestra carne? ¡De la carne misma! Ellos siempre están ahí. Con la muerte, la carne se transforma en gusanos. ¿Qué es la carne? ¡Gusanos en embrión! Nuestras células tienen estómago, comen y digieren.

¿Qué sabemos nosotros acerca de nuestros cuerpos? ¡Nada! Podemos conocer algo del proceso del alimento desde que entra por la boca, hasta que es eliminado; mas no sentimos cuando sale del estómago y va al intestino; y de ahí es distribuido en diversos nutrientes que mantienen nuestra vida física. Nuestro cuerpo es la máquina perfecta diseñada por Dios. No podemos ni imaginar la capacidad de nuestro espíritu, ni de nuestra mente. Sólo la esperanza de la vida después de la muerte nos da gozo y alegría.

Los del Antiguo Testamento no tenían esperanza. Lo único que anhelaban era ser sepultados con los padres, para al menos reunirse con ellos en el sepulcro. Job no conocía al Redentor, cuyos ojos están puestos sobre los justos.

Job no tenía la esperanza de la resurrección. Los espiritistas creen que los muertos vuelven a sus casas. Esto no es cierto. (Estudie Lucas 16: 19-28). Del infierno no se sale: Del Seno de Abraham, o el

Paraíso, Cristo se llevó los santos del Antiguo Testamento, con él al cielo. El que muere en Cristo va al cielo, y de allí no regresa hasta el día que Cristo los traiga con él a buscar sus cuerpos glorificados.

Entonces, ¿Quiénes son los que se ven disfrazados de nuestros familiares que se han ido antes? Los demonios. Clearence Larkin afirma que si los demonios no son ángeles caídos, ni muertos; ¿de dónde salieron? Ellos eran habitantes de la primera tierra. No eran como los humanos, que fueron creados a imagen de Dios.

Aquellas criaturas pre-adámicas, eran los seres con quienes Satanás comerciaba, (Ezequiel 28:12-19); quienes, junto con Satanás recibieron el juicio que dejó la tierra desordenada y vacía. Sus cuerpos están en el fondo de los mares, y sus espíritus pueblan el aire que nos circunda.

Apocalipsis 20:12 dice que ellos comparecerán a juicio antes de los muertos espirituales que vivan en la tierra; y que el infierno entregue a los que tiene cautivos. La clave es: "El mar entregará sus muertos." Sabemos que los que mueren en el mar, van al cielo a infierno. Aquellos pre-adámicos son los que el mar entregará.

Estos demonios son los que le hacen la vida imposible al creyente bebé. Ellos deben obedecer la mención del Nombre de Jesús en los labios de fe del creyente maduro, que conoce sus derechos y privilegios en Cristo.

Versos 11-14: "Por tanto, no refrenaré mi boca; Hablaré en la angustia de mi espíritu, Y me quejaré con la amargura de mi alma. ¿Soy yo el mar, o un monstruo marino, Para que me pongas guarda? Cuando digo: Me consolará mi lecho, Mi cama atenuará mis quejas; Entonces me asustas con sueños, Y me aterras con visiones."

Ahora Job le habla a Dios. El comienza su oración con una queja. Él dice que no es el mar, a quien Dios le puso puerta y cerrojo: (Salmo 104:5-9, Job 38:8-11). Aquí dice que los monstruos marinos tienen guardas.

El pobre Job no tenía descanso ni en su cama, porque cuando lograba dormirse, le daban pesadillas. La verdad era que el diablo no le daba tregua ni en el sueño. El sólo procuraba que Job blasfemara contra Dios.

Versos 15-18: "Y así mi alma tuvo por mejor la estrangulación, Y quiso la muerte más que mis huesos. Abomino mi vida; no he de vivir para siempre; Déjame, pues, porque mis días son vanidad. ¿Qué es el hombre, para que lo engrandezcas y para que pongas sobre él tu corazón, Y lo visites todas las mañanas, Y todos los momentos lo pruebes?"

Cuando habla del alma, Job se refiere a su mente, su capacidad de razonar. Él le pregunta al Señor: "¿Por qué me alargas la vida, si no voy a durar para siempre?" ¿Qué importancia tiene el hombre para que lo visites y lo pruebes? Job no sabe que el hombre es la obra cumbre de la creación.

El ignora que el corazón del Padre anhela tener hijos. Que el universo fue creado por causa del hombre. Que el primer Adán fracasó, hundió la raza humana que no había nacido aún. Que el deseo del Padre se cumpliría dentro de 1550 años, cuando enviara al Unigénito Hijo a redimir la raza humana; y a formar Su Familia: la Iglesia. Él no sabía que el anhelo del Padre no era visitar al hombre cada mañana, sino vivir en el corazón de sus hijos. Job no sabía que no era Dios quien lo probaba, sino Satanás. ¡Cuán poco conocemos de los designios de Dios!

Versos 19-21: "¿Hasta cuándo no apartarás de mí tu mirada, Y me soltarás siquiera hasta que trague mi saliva? Si he pecado, ¿qué puedo hacerte a ti, oh guarda de los hombres? ¿Por qué me pones por blanco tuyo, hasta convertirme en una carga para mí mismo? ¿Y por qué no quitas mi rebelión, y perdonas mi iniquidad? Porque ahora dormiré en el polvo, Y si me buscares de mañana, ya no existiré."

Job termina su oración con varias preguntas que son una profecía que se cumpliría con el Sacrificio de Cristo por el hombre perdido. El llama a Dios: "Guarda de los hombres" El Señor no solamente cuida de los hombres, sino de toda la creación. Cristo cumpliría la petición sin esperanza de Job.

CAPÍTULO # 8
Otro aguijón

Versos 1-4: "Respondió Bildad suhita, y dijo: ¿Hasta cuándo hablarás tales cosas, Y las palabras de tu boca serán como viento impetuoso? ¿Acaso torcerá Dios el derecho, O pervertirá el Todopoderoso la justicia? Si tus hijos pecaron contra él, él los echó en el lugar de su pecado."

Aquí tenemos otro de los amigos de Job. Este es Bildad; realmente otro aguijón para Job, con su discurso acusador. Es cierto que dice verdades, pero estas no se aplican a Job.

Él le dice: "Tú has blasfemado. Dios es justo. Lo que le sucedió a tus hijos; ellos se lo buscaron con sus pecados". ¡Ojo joven! Un día vas a tener sufrir las consecuencias de tus actos. Los hijos de Job no eran pecadores. Job los santificaba cada día. Bildad los acusaba sin tener conocimiento de los actos de los jóvenes, ni del pacto de Job con Dios, del cual sus hijos eran beneficiarios.

No hay persona más pesada que el que se cree santo. Su orgullo de santidad es una barrera para las almas perdidas. Nadie quiere imitarlo. Es cierto que el creyente es santo; esto es; Separado para

Dios; pero este es un regalo de la gracia. Somos santos por regalo, no por nuestras obras.

Versos 5-7: "Si tú de mañana buscares a Dios, Y rogares al Todopoderoso; Si fueres limpio y recto, Ciertamente luego se despertará por ti, Y hará prospera la morada de tu justicia. Y aunque tu principio haya sido pequeño, Tu postrer estado será muy grande."

Esta es una profecía; pero es una verdad mal aplicada. Así muchas veces nosotros; sin conocer las circunstancias de otro; lo juzgamos usando la Palabra. Es muy peligroso convertirnos en jueces de los demás. Cuando lo hacemos estamos tratando de sentarnos en el Trono que sólo le pertenece a Dios.

Versos 8-10: "Porque pregunta ahora a las generaciones pasadas, Y disponte para inquirir la los padres de ellas; Pues nosotros somos de ayer, y nada sabemos, siendo nuestros días sobre la tierra como sombra. ¿No te enseñarán ellos, te hablarán, Y de su corazón sacarán palabras?"

Su amigo aconseja a Job a preguntar a los ancianos. ¡Qué volumen de experiencia tienen nuestros ancianos! En ellos está la sabiduría. Un anciano, que conserva sus facultades, es una enciclopedia.

Para el creyente, el viejo creyente es un raro tesoro. Si no hay viejos creyentes, tenemos al Espíritu Santo hablándonos por medio de Abraham, Moisés, Samuel, David, Salomón, Isaías, Jeremías, Ezequiel, Daniel, y los profetas menores. También tenemos a Mateo, Marcos, Lucas, Juan, Pablo, Pedro, Santiago y Judas. Todos estos nos hablan a través de los escritos de la Biblia.

Versos 11-14: "¿Crece el junco sin lodo? ¿Crece el prado sin agua? Aun en su verdor, sin haber sido cortado, Con todo, se seca primero que toda hierba. Tales son los caminos de todos los que olvidan a Dios; Y la esperanza del impío perecerá; Porque su esperanza será cortada, Y su confianza es tela de araña."

Bildad usa la botánica en este consuelo en forma de cesura. Él dice que pecado todo tiene consecuencias. El usa la ilustración del junco, el más alto de todas las hierbas. También la grama. Tanto la hierba como el junco se secan sin agua. Así el creyente que se olvida de Dios, se seca espiritualmente. El acusa a Job de impío.

Versos 15-19: "Se apoyará él en su casa, mas no permanecerá ella en pie; Se asirá de ella, mas no resistirá. A manera de un árbol está verde delante del sol, y sus renuevos salen sobre su huerto; Se van entretejiendo sus raíces junto a una fuente, Y enlazándose hasta un lugar pedregoso. Si le arrancaren de su lugar, Este le negará entonces, diciendo: Nunca te vi. Ciertamente este será el gozo de su camino; Y del polvo mismo nacerán otros."

El impío es el que deja a Dios. El pasa bajo maldición y trae maldición a su familia. Puede que por un tiempo tenga éxito, pero de lo que dejó a su muerte comerán los extraños.

Versos 20- 22: "He aquí, Dios no aborrece al perfecto, Ni apoya la mano de los malignos, Aún llenará tu boca de risa, y tus labios de júbilo. Los que te aborrecen serán vestidos de confusión; Y la habitación de los impíos perecerá."

Bildad termina su discurso diciendo que Dios no respalda a los que son malos. Job, sin embargo, pasaría su prueba. Esta profecía se cumplió en su totalidad.

CAPÍTULO # 9
¿Cómo se justificará el hombre?

Versos 1-3: "Respondió Job, y dijo: Ciertamente yo sé que es así; ¿Y cómo se justificará el hombre con Dios? Si quiere contender con él, no le podrá responder una cosa entre mil."

Ahora le toca el turno a Job. El aceptó que lo que decía Bildad era cierto. Entonces hace la pregunta que el hombre se ha preguntado por los siglos: ¿Cómo se justificará el hombre para con Dios? La conciencia del hombre le grita que es culpable. Lo que no sabe es que es culpable por herencia; por su identificación con Adán.

Versos 4-10: "Él es sabio de corazón, y poderoso en fuerzas; ¿Quién se endureció contra él, y le fue bien? El arranca los montes con su furor, y no saben quién los trastornó; El remueve la tierra de su lugar, y hace temblar sus columnas; Él manda al sol, y no sale; Y sella las estrellas; El solo extendió los cielos, Y anda sobre las olas del mar; El hizo la Osa, el Orión y las Pléyades, y los lugares secretos del sur."

¿Quién podrá luchar contra Dios?, pregunta Job. El tornado muestra una de sus fuerzas poderosas. El mueve las placas subterráneas, dando como resultado los temblores que apocan el corazón del más osado. Él manda al sol y las estrellas para que no den luz. El camina sobre las olas del mar. Cristo lo hizo. El cruzó ríos de sangre para salvarnos.

El hizo las constelaciones; el grupo de estrellas conocidas como la Osa Mayor; el Orión, la de Arturo; para el norte; y la Cruz del Sur para el Sur. Mirando a ellas, es que las aves emigran de país en país. Cada avecilla tiene un compás en su cerebro para viajar por el aire. ¡Dios pensó por ellas!

Versos 10-12: "El hace cosas grandes e incomprensibles, Y maravillosas, sin número. He aquí él pasará delante de mí, y yo no lo veré; Pasará, y no lo entenderé. He aquí, arrebatará; ¿Quién le dirá: Qué haces?"

El hombre jamás logrará entender a Dios. Los sabios tratan de explicarle, pero se enredan en su sabiduría; y quedan vacíos. Es por eso que muchos niegan su existencia. El problema es que Dios es un Espíritu; que puede estar a nuestro lado; y no nos damos cuenta de su presencia. ¿Cómo es Dios? ¡Como Cristo! (Col. 1:15).

Versos 13-16: "Dios no volverá atrás su ira, Y debajo de él se abaten los que ayudan a los soberbios. ¿Cuánto menos le responderé yo, Y hablaré con él palabras escogidas? Aunque yo fuese justo, no respondería; Antes habría de rogar a mi juez. Si yo le invocara, y él me respondiese, Aún no creeré que haya escuchado mi voz."

Dios resiste a los soberbios, o los orgullosos. Job no se atrevía peguntarle a Dios. El no creía que Dios escuchara sus oraciones. Así muchos creyentes bebés no creen que el Señor les escuche cuando oran; por eso buscan a alguien que ellos creen que está más cerca de Dios para que interceda por él.

"Los ojos de Dios están sobre los justos, y sus oídos atentos a sus oraciones." (1 Pedro 3:12). ¿Cómo estar seguros que Dios nos escucha? Si oramos en el Nombre de Jesús; el Padre nos escucha.

Versos 17-21: "Porque me ha quebrantado con tempestad, Y ha aumentado mis heridas sin causa. No me ha concedido aliento, sino que me ha llenado de amarguras. Si hablásemos de su potencia, por cierto es fuerte; Si de juicio, ¿quién me emplazará? Si yo me justificare, me condenaría mi boca; Si me dijere perfecto, eso me haría inicuo. Si fuere íntegro, no haría caso de mí mismo; Despreciaría mi vida."

Job cree que Dios es su adversario. Él dice: "Mi adversario es demasiado fuerte. No puedo ni justificarme ante él. Si me enorgullezco de santidad; es pecado. ¡Gracias a Dios por Cristo! Por medio de él tenemos entrada al Trono de la Gracia sin temor a ser rechazados.

Versos 22-24: "Una cosa resta que yo diga: Al perfecto y al impío él los consume. Su azote mata de repente, Se ríe del sufrimiento de los inocentes. La tierra es entregada en manos de los impíos, Y él cubre el rostro de sus jueces. Si no es él, ¿quién es? ¿Dónde está?"

Este era el grito de los del Antiguo Testamento. Ellos no sabían que había un diablo. Tampoco sabían que eran sus cautivos. Job cree que Dios es un Dios sin misericordia, que no le importan los sufrimientos de los hombres.

Él le dice a sus amigos: "Si ustedes dicen que Dios es tan bueno; que no le hace daño a los hombres; ¿quién me está haciendo tanto daño a mí, si no es él?" Lo triste era que sus amigos tampoco lo sabían.

Versos 25-26: "Mis días han sido más ligeros que un correo. Huyeron, y no vieron el bien. Pasaron cual naves veloces; Como él águila que se arroja sobre la presa."

¿Se ha dado cuenta lo ligeros que pasan los días para los ancianos? Los niños encuentran lo días largos, especialmente si esperan cumplir la mayoría de edad, o ir de paseo.

Versos 27-28: "Si yo dijere: Olvidaré mi queja, Dejaré mi triste semblante, y me esforzaré, Me turban todos mis dolores; Sé que no me tendrás por inocente."

El dolor de la enfermedad le había quitado las fuerzas. La conciencia de pecado había atenazado la mente de Job. La enfermedad muchas veces nos hace reflexionar; y entonces recordamos nuestras faltas y fracasos. Nuestra conciencia nos juzga; nos declara culpables y merecedores de lo que nos aqueja.

El diablo aprovecha la debilidad física para dispararnos la flecha. El saca nuestros pecados pasados de lo profundo del mar del perdón de Dios; y nos los estruja en el rostro. Si no estamos fundados profundamente en la Gracia; la conciencia de pecado nos debilita mucho más y nos salimos del reposo espiritual que Cristo obtuvo para nosotros.

Cuando nacimos de nuevo, todos nuestros pecados y fracasos fueron saldados por la Sangre de Cristo. Nadie puede acusarnos ante la Suprema Corte de Justicia del Universo por los pecados de antes de venir a Cristo. (Romanos 8: 33-39).

Por los pecados que cometemos por causa de nuestra mente sin renovar, tenemos un Abogado, Jesús: quien toma nuestro caso cuando confesamos y nos apartamos; y nos defiende: (1 Juan 2:1).

Versos 29-31: "Yo soy impío; ¿Para qué trabajaré en vano? Aunque me lave con aguas de nieve, Y limpie mis manos con la limpieza misma, Aún me hundirás en el hoyo, Y mis propios vestidos me abominarán."

Job reconoce su condición. Su conciencia despertada por la enfermedad y la angustia que le proporcionaban sus amigos, le habían quitado toda esperanza. Él sabía que no había salida para su triste condición, por eso usaba su queja de que sus buenas obras de justicia; de las que estaba vestido; y que eran su confianza; le abominarían.

No había remedio para él. Ni las aguas de la nieve limpiarían su conciencia culpable, ni su condición de muerte espiritual. ¡Qué triste es la vida sin esperanza del que se enfrenta a la muerte sin la gracia salvadora de Cristo!

La persona que ha confiado en las buenas obras para obtener la salvación, se dará cuenta que todas sus buenas obras, fueron obras de reos espirituales, que Dios no acepta. Entonces se dará cuenta que sus vestidos de justicia propia son sólo trapos de inmundicia. La única obra que Dios acepta para nuestra salvación, es la Obra de Cristo.

Después que hemos nacido de nuevo, hacemos buenas obras, porque para eso nacimos de nuevo. (Efesios 2: 8-10).

JESUS, EL ÚNICO MEDIADOR ENTRE DIOS Y LOS HOMBRES.

Versos 32-33: "Porque no es hombre como yo, para que le responda, Y vengamos juntamente a juicio. No hay entre nosotros árbitro Que ponga su mano entre nosotros dos."

"No hay un Mediador" Este era el grito de desesperación del mundo antiguo. Es la súplica de la humanidad perdida. Esa queja ya ha sido contestada. Esa necesidad ya ha sido suplida. "Porque hay un solo Dios y un solo Mediador entre Dios y los hombres: Jesucristo Hombre" 1 Tim. 2:5.

Cristo es el Mediador entre el Padre y el hombre perdido. Muchos se han declarado mediadores entre Dios y el hombre, pero hay un solo Mediador; no hay varios. Otros han pensado que para acercarse a Cristo necesitan de un santo intercesor; pero no es necesario. Rom. 10:9-10 Dice: "Que si confesares con tu boca que Jesús es el Señor, y creyeres en tu corazón que Dios le levantó de los muertos, serás salvo Porque con el corazón se cree para justicia, pero con la boca se confiesa para salvación."

Versos 34-35: "Quite de mí su vara, Y su terror no me espante. Entonces hablaré, y no le temeré; Porque en este estado no estoy en mí."

CAPITULO # 10
¿Abuso de Omnipotencia?

Versos 1-3: "Está mi alma hastiada de mi vida; Daré libre curso a mi queja, hablaré con amargura de mi alma Diré a Dios: No me condenes; Hazme entender por qué contiendes conmigo. ¿Te parece bien que oprimas, Que deseches la obra de tus manos, Y que favorezcas los designios de los impíos?

La murmuración de los israelitas en el desierto había sido sin razón. La de Job era con razón. Aquí Job acusó a Dios de abusar de Su Omnipotencia. El deseaba que Dios le revelara la causa de su ataque.

Versos 4-7: "¿Tienes tú acaso ojos de carne? ¿Ves tú cómo ve el hombre? ¿Son tu días como los días del hombre, O tus años como los tiempos humanos, para que inquieras mi iniquidad, Y busques mi pecado, Aunque tú sabes que no soy impío, Y que no hay quien de tu mano libre?"

La oración se torna en preguntas al Omnipotente. La diferencia entre los ojos humanos y los ojos del Espíritu es que los del Espíritu ven en las tinieblas.

Él dice que los años del hombre no son como los de Dios. En esto hay una verdad a medias. El hombre fue creado a imagen y semejanza de Dios. El espíritu del hombre es eterno como Dios. La semejanza del hombre, el cuerpo humano, es de corta duración. El estar conscientes de que los humanos son seres eternos, que vivirán por la eternidad, debe hacer de cada creyente un evangelista de su comunidad.

A la muerte el hombre regresa al hogar de su padre; al cielo o al infierno, a pasar la eternidad. ¿Cuánto dura la eternidad? Imagínese una paloma con un pañuelo en el pico pasando por la cima del Everest, la montaña más alta del mundo. Cuando haya pasado ese pañuelo tantas veces sobre la montaña, hasta que la haya aplanado totalmente, aún no habrá comenzado la eternidad.

Job dice que la lucha es desigual. Quién librará de la mano de Dios. Es una gran ventaja estar en paz con Dios por medio de Jesucristo.

Versos 8-13: "Tus manos me hicieron y me formaron; ¿Y luego te vuelves y me deshaces? Acuérdate que como a barro me diste forma; ¿Y en polvo me has de volver? ¿No me vaciaste como leche, Y como queso me cuajaste? Me vestiste de piel y carne, Y me tejiste con huesos y nervios. Vida y misericordia me concediste, Y tu cuidado guardó mi espíritu. Estas cosas tienes guardadas en tu corazón; Yo sé que están cerca de ti."

En estos versos nos parece estar leyendo el Salmo 139:13-16, (leer); donde el Salmista habla de la formación del ser humano en el vientre de la madre. Es por eso que el aborto es un pecado. Desde la concepción; Dios está protegiendo al ser humano. Cada ser humano tiene un libro del cuerpo escrito, donde hasta sus cabellos están contados.

Versos 14-17: "Si pequé, tú me has observado, Y no me tendrás por limpio de mi iniquidad. Si fuere malo, ¡Ay de mí! Y si fuere justo, no levantaré mi cabeza, Estando hastiado de deshonra, y de verme afligido. Si mi cabeza alzare, cual león tú me cazas; Y vuelves a hacer en mí maravillas. Renuevas contra mí tus pruebas, y aumentas conmigo tu furor como tropas de relevo."

Job, en su oración; pide que se le haga justicia. "¿A dónde me iré de tu Espíritu? ¿Y a dónde huiré de tu presencia?" (Sal. 139: 7-9) Él sabe que Dios le ve y conoce sus más íntimos pensamientos. Ese conocimiento nos llena de temor santo, de ternura y de seguridad.

Versos 18-22: "¿Por qué me sacase de la matriz? Hubiera yo expirado, y ningún ojo me habría visto. Fuera como si nunca hubiera existido, Llevado del vientre a la sepultura. ¿No son pocos mis días? Cesa, pues, y déjame, para que me consuele un poco, Antes que vaya para no volver, A la tierra de las tinieblas y de sombra de muerte; Tierra de oscuridad, lóbrega, Como sombra de muerte y sin orden, Y cuya luz es como densas tinieblas."

Esta, no solo es la queja de Job, sino de todos los que sufren, especialmente si no conocen a Cristo. Los del Antiguo Testamento no tenían esperanza. Los Israelitas no tenían conocimiento de la vida después de la muerte. La revelación de esta esperanza la trajo Jesucristo.

CAPITULO # 11
Sin misericordia

Versos 1-3 "Respondió Zofar naamatita, y dijo: ¿Las muchas palabras no han de tener respuesta? ¿Y el hombre que habla mucho será justificado? ¿Harán tus falacias callar a los hombres? ¿Harás escarnio y no habrá quien te avergüence?"

Aquí da comienzo el discurso del tercer Jeque árabe. Este tiene menos misericordia que Elifaz y Bildad. Él dice que en las muchas palabras no falta pecado. Veamos como éste también trata de defender a Dios.

Versos 4-6: "Tú dices: Mi doctrina es pura, Y yo soy limpio delante de tus ojos. Mas ¡oh, quién diera que Dios hablara, y abriera sus labios contigo, Y te declarara los secretos de la sabiduría, Que son de doble valor que las riquezas! Conocerías entonces que Dios te ha castigado menos de lo que tu iniquidad merece."

Zofar acusa a Job de falta de sabiduría y de conocimiento de las cosas de Dios. ¡Cuán fácilmente acusamos a los demás! Él le dice que sus pecados merecen más castigo que el que está sufriendo. ¿Por qué el hombre siempre trata de justificar a Dios, sin conocer sus designios, ni sus planes?

Él no sabía que los sufrimientos no eran por causa de los pecados de Job, sino por el de Adán. Él no sabía que aquel pecado le había dado derecho a Satanás de herir a Dios en lo que más amaba: el hombre.

*Versos 7-9: "¿Descubrirás tú los secretos de Dios? ¿Llegarás tú a la perfección del Todopoderoso? Es más **alta que los** cielos; ¿qué harás? Es más profunda que el Seol; ¿cómo la conocerás? Su dimensión es más extensa que la tierra, y más ancha que el mar."*

En esto tiene razón Zofar. ¿Quién puede descubrir los secretos de Dios? Sin embargo, Efesios 3:17-19, Pablo ora porque la Iglesia comprenda las cuatro dimensiones del amor de Cristo, y sea llena de la plenitud de Dios. El Espíritu todo lo escudriña y nos lo revela a nosotros. (1 Cor.2:10).

Versos 10-12: "Si él pasa, y aprisiona, y llama a juicio, ¿Quién podrá contrarrestarle? Porque él conoce a los hombres, que son vanos; Ve asimismo la iniquidad, ¿Y no hará caso? El hombre vano se hará entendido, Cuando un pollino de asno nazca hombre."

Aquí Zofar declara que Dios ha aprisionado a Job, y lo acusa de necedad. El declara una gran verdad: que primero nace un hombre de un burro salvaje, que un hombre necio volverse sabio.

Verso *13-16: "Si tú dispusieras tu corazón, Y extendieras a él tus manos; Si alguna iniquidad hubieren en tu mano, y la echaras de ti, Y no consintieres que more en tu casa la injusticia, Entonces levantarás tu rostro limpio de mancha, Y serás fuerte, y nada temerás; Y olvidarás tu miseria, O te acordarás de ella como de aguas que pasaron."*

Esto sólo se cumple en los creyentes, que han sido librados del poder, o de la autoridad del príncipe de las tinieblas. El Sacrificio de Cristo por nosotros nos ha librado de todo el poder del diablo. Si el creyente sigue la línea de conducta prescrita por la Palabra de Dios, será fuerte y vivirá sin temor al mal.

Versos 17-20: "La vida te será más clara que el mediodía; Aunque oscureciere, será como la mañana. Tendrás confianza, porque hay esperanza; mirarás alrededor, y dormirás seguro. Te acostarás, y no habrá quien te espante; Y muchos suplicarán tu favor. Pero los ojos de los malos se consumirán, Y no tendrán refugio; Y su esperanza será dar su último suspiro."

En verdad, la aplicación de este discurso no puede aplicarse a Job, ni a su tiempo; pero la profecía de este discurso es un cúmulo de maravillosas promesas para el creyente y de la vida victoriosa en Cristo.

Es también una amonestación para los malos, o los perdidos. Mantengamos en mente que el hombre no se pierde por lo que hace, sino por lo que es: Un hijo espiritual del diablo. Sus malas obras son el resultado de esa condición. El no pude experimentar paz, porque su espíritu está en enemistad con Dios. Su conciencia lo acusa; no tiene salida. Sólo Cristo puede cambiar su triste condición.

En el Antiguo Testamento, el hombre creía que era salvo por obras. Si sus obras eran malas, no tenía esperanza; le vendrán todas las plagas como a Job. Naturalmente sus amigos pensaban que sus sufrimientos eran castigos divinos por sus malas obras.

CAPITULO # 12
Ustedes son brutos

Versos 1-4: "Respondió entonces Job, diciendo: Ciertamente vosotros sois el pueblo, Y con vosotros morirá la sabiduría. También tengo yo entendimiento como vosotros; No soy yo menos que vosotros; ¿Y quién habrá que no pueda decir otro tanto? Yo soy uno de quien su amigo se mofa, Que invoca a Dios, y él le responde; Con todo, el justo y perfecto es escarnecido."

Job vuelve a tomar la palabra. Él dice: "Ustedes creen sólo quedan brutos en el mundo." Sin embargo cree que es Dios quien le hace el daño.

Es cierto que muchas veces el perfecto y justo es escarnecido, como Isaías y Jeremías. La fe del creyente es probada como el oro.

Versos 5-6: "Aquel cuyos pies van a resbalar Es como una lámpara despreciada de aquel que está a sus anchas. Prosperan las tiendas de los ladrones, Y los que provocan a Dios viven seguros, En cuyas manos él ha puesto cuanto tienen."

Es cierto que el que lo tiene todo, no piensa en los que no tienen nada. Es cierto que las casas de los ladrones prosperan, pero por muy poco tiempo. No es cierto que Dios haya puesto en sus manos cuanto poseen. Ha sido el diablo, para destruirlos pronto. Puede que los que provocan a Dios crean que están seguros; pero su conciencia les grita que comparecerán a juicio.

Versos 7-8: "Y en efecto, pregunta ahora a las bestias, y ellas te enseñarán; A las aves de los cielos, y ellas te lo mostrarán; O habla a la tierra, y ella te enseñará; Los peces del mar te lo declararán también. ¿Qué cosa de todas estas no entiende Que la mano de Jehová la hizo?"

Romanos 1: 20 dice: "Porque las cosas invisibles de él, su eterno poder y deidad, se hacen alarmante visibles desde la creación del mundo, siendo entendidas por medio de las cosas hechas, de modo que no tienen excusa."

La creación es, después de la Biblia, nuestro mejor libro de texto. El Señor nos dirige a la escuela de la naturaleza a aprender lecciones necesarias. En la naturaleza vemos que la mente de Dios dio los detalles.

Las bestias actúan por instinto. Si dejan de seguir sus instintos, perecen. Las aves viajan si pasaporte y se alimentan de la mesa de Dios. En los peces aprendemos que el grande se come al pequeño, y que hay comida para todos; mas el pequeño se esconde por instinto. En Prov.30:24-31 tenemos una maravillosa lección: Las hormigas preparan su comida en verano, para que cuando llegue al invierno, tener alimento almacenado.

El grillo canta durante el verano, y en el invierno se muere porque no guardó. Sus huevos permanecen escondidos en la tierra para la próxima generación Los ratones árabes hacen su casa en la roca. Las langostas salen por cuadrillas, como ejércitos en orden. La araña entra en el palacio del rey.

El león es el rey de las bestias; no teme a nada. El galgo no teme a la carrera ni a los ruidos de los que los miran; y el macho cabrío va al frente de la manada para protegerla.

Versos 10-12: "En su mano está el alma de todo viviente, Y el hálito de todo el género humano. Ciertamente el oído distingue las palabras, Y el paladar gusta las viandas. En los ancianos está la ciencia, Y en la larga edad la inteligencia."

Salmo 24: "De Jehová es la tierra y su plenitud, el mundo y los que en él habitan." Lo único que el hombre sabe es lo que ve, escucha, huele, palpa o gusta. Los cinco sentidos de su cerebro son las únicas ventanas para adquirir conocimiento. Si se le atrofian tres sentidos, se vuelve idiota.

Pongamos atención a lo que nos dicen los ancianos. No les llamemos "dinosaurios", rechazando lo que nos quieren enseñar, porque en ellos está el conocimiento y la sabiduría de la experiencia.

¡Ay de la nación cuando un joven gobierna! (1Tim. 3:6) Usted ve; el cerebro de un joven está sin terminar. Los ancianos deben aconsejarlos y guiarlos, hasta que aprendan a controlar sus hormonas.

Versos 13-16: "Con Dios está la sabiduría y el poder; Suyo es el consejo y la inteligencia. Si él derriba, no hay quien edifique; Encerrará al hombre, y no habrá quien le abra. Si él detiene las aguas, todo se seca; Si las envía destruyen la tierra. Con él está la sabiduría; Suyo es el que yerra, y el que hace errar."

Cristo ha sido hecho sabiduría en nosotros, (1Cor. 1:30). Si él no edifica la casa, en vano edifican los edificadores. Si encierra en el infierno, no hay misa que lo saque. Todos los juicios están en la mano de Dios.

¡Cuánto dependemos de Dios! Cuando viene una inundación, o una sequía, o un tornado, o una tempestad, o alguna desgracia, el hombre le echa la culpa a Dios. Sin embargo, no es Dios quien envía las calamidades, aunque él las permite, como en el caso de Job. Es el diablo quien ha distorsionado las leyes de la naturaleza.

"Toda buena dádiva, y todo don perfecto desciende de lo alto, del Padre de las luces, en el cual no hay mudanza, ni sombra de variación." (Santiago 1:17).

Job no conocía la existencia del diablo, por eso pensaba que las calamidades venían de Dios.

Versos 17-20: "El hace andar despojados de consejo a los consejeros, y entontece a los jueces. El rompe las cadenas de los tiranos, y les ata una soga a los lomos. El lleva a los despojados a los príncipes, Y trastorna a los poderosos. Priva del habla a los que dicen verdad, Y quita a los ancianos el consejo."

1Cor. 1:19 dice: que Dios destruiría la sabiduría de los sabios; quienes por creerse sabios rechazan a Cristo. Dios los hace necios. Los tiranos caen en sus propias trampas, como Hitler, Mussolini, y los dictadores tiranos de todos los tiempos.

Dios permite las invasiones de los enemigos; la cautividad de Israel a Asiria, y de Judá a Babilonia. Priva del habla a los que dicen verdad, para que los necios no entiendan. Y quita a los ancianos el consejo. Aquí está la senilidad, el alzhéimer.

Versos 21-22: "El derrama menosprecio sobre los príncipes, Y desata el cinto de los fuertes. El descubre las profundidades de las tinieblas, Y saca a la luz la sombra de muerte."

En Isaías 36 y 37, tenemos la historia de Senaquerib, rey de Asiria. Y la destrucción de sus ejércitos y la suya misma por la mano del ángel de Jehová. 185 mil asirios muertos en una sola noche. Senaquerib fue asesinado por sus hijos frente al altar de su ídolo.

Nabucodonosor y Belsasar; De Babilonia; Alejandro el Grande de Grecia; y los Césares de Roma; fueron abatidos por orden divina. Así, ningún gobernante perverso escapará del Dios que pone reyes y quita reyes.

Para Dios no hay nada oculto. EL sacó a la luz el evangelio; y el hombre que yacía cautivo en tinieblas, luz le resplandeció, (Isaías 9:2).

Versos 23-25: "El multiplica las naciones, y él las destruye; Esparce las naciones, y las vuelve a reunir. El quita el entendimiento a los jefes del pueblo de la tierra, Y los hace vagar como por un yermo sin camino. Van a tientas, como en tinieblas y sin luz, Y los hace errar como borrachos."

Dios ha destruido imperios poderosos, como Egipto; el imperio negro. Asiria; el impero del Senaquerib. Babilonia; el imperio de

Nabucodonosor y Belsasar. Grecia; el imperio de Alejandro el Grande. Roma; el imperio de los Césares.

España; el imperio que conquistó el nuevo mundo. Inglaterra; la reina de los mares. La Roma religiosa será destruida, (Apocalipsis. 17). El comunismo fue destruido, y lo mismo le espera a los grandes imperios que se levanten sin el evangelio.

CAPÍTULO # 13
Cayendo en lazo de grandeza

Versos 1-5: "He aquí que todas estas cosas han visto mis ojos, Y oído y entendido mis oídos. Como vosotros lo sabéis, lo sé yo; No soy menos que vosotros. Más yo hablaría con el Todopoderoso, Y querría razonar con Dios. Porque ciertamente vosotros sois fraguadores de mentira; Sois todos vosotros médicos nulos. Ojalá callarais por completo, Porque esto os fuera sabiduría."

Job continúa su discurso, y se da cuenta de que el que discute cae en lazo de grandeza. Por eso les dice a sus amigos que mejor ora al Señor, porque él tiene misericordia, y los amigos no la tienen. Prov. 17:28 dice que el necio cuando calla pasa por sabio.

Versos 6-10: "Oíd ahora mi razonamiento, Y estad atentos a los argumentos de mis labios. ¿Hablaréis iniquidad por Dios? ¿Hablaréis por él engaño? ¿Haréis acepción de personas a su favor? ¿Contenderéis vosotros por Dios? ¿Sería bueno que él os escudriñase? ¿Os burlaréis de él como quien se burla del hombre? Él os reprocharía de seguro, Si solapadamente hacéis acepción de personas."

Job pregunta: ¿Quién los puso a ustedes por jueces? ¿Quién los puso por abogados de Dios? El que no tenga pecado, que arroje la primera piedra. Entonces los acusa de hacer acepción de personas.

Versos 11-12: "De cierto su alteza os habría de espantar, Y su pavos habría de caer sobre vosotros. Vuestras máximas son refranes de ceniza, Y vuestros baluartes son baluartes de lodo."

Él les dice que si conocieran a Dios verdaderamente, sentirían pavor de estarle analizando y citando máximas filosóficas, que son como la ceniza. Tampoco confiarían en sus cuerpos como banderas, porque al fin eran sólo polvo.

Así nosotros muchas veces pretendemos conocer la Mente de Dios. Él dijo en Isaías 55:8: "Porque mis pensamientos no son vuestros pensamientos, ni mis caminos vuestros caminos."

Versos13-16: "Escuchadme, y hablaré yo, Y que me venga después lo que viniere. ¿Por qué quitaré yo mi carne con mis dientes, Y tomaré mi vida en mi mano? He aquí, aunque él me matare, en él esperaré; No obstante, defenderé delante de él mis caminos, Y él mismo será mi salvación, Porque no entrará en su presencia el impío."

Aquí Job parece haber vencido la tentación al suicidio que el diablo le insinuara. Él dice que defenderá sus caminos ante el Señor, esto es; se justificará por sus obras. El siente que aunque Dios le quite la vida, lo resucitará. También declara que el pecador no estará en su presencia. Esto es verdad, pero si el pecador acepta a Cristo, ya está en su presencia.

Versos 17-19: "Oíd con atención mi razonamiento, Y mi declaración entre en vuestros oídos. He aquí ahora, si yo expusiere mi causa, Sé que seré justificado. ¿Quién es el que contenderá conmigo? Porque si ahora callara, moriría."

Job continúa justificándose ante sus amigos. Él dice que si estuviera en la presencia de Dios, abogaría por su causa.

Versos 20-25: "A lo menos dos cosas no hagas conmigo; Entonces no me esconderé de tu rostro: Aparta de mí tu mano, Y no me asombre tu terror. Llama luego, y yo responderé; O yo hablaré, y respóndeme tú. ¿Cuántas iniquidades y pecados tengo yo? Hazme entender mi transgresión y mi pecado. ¿Por qué escondes tu rostro,

Y me cuentas por tu enemigo? ¡A la hoja arrebatada has de quebrantar, Y a una paja seca has de perseguir?"

Job no sabe que legalmente es un hijo espiritual del diablo, porque Cristo no ha venido a redimir la raza humana. Tampoco sabe que por su herencia del pacto de Abraham, ha podido tener una gracia especial, y que Dios le ama, por su fidelidad, y que tiene propósitos con su vida.

Él se queja, como siempre, pensando que es Dios quien le ha traído los problemas. El reclama lo opuesto a Isaías 1:18: "Venid luego, y estemos a cuenta" El vuelve a preguntar: ¿Hazme entender por qué contiendes conmigo?".

Versos 26-28: "¿Por qué escribes contra mí amarguras, Y me haces cargo de los pecados de mi juventud? Poner además mis pies en el cepo, y observas todos mis caminos, Trazando un límite para las plantas de mis pies. Y mi cuerpo se va gastando como de carcoma, Como vestido que roe la polilla."

Mientras Satanás ataca a Job, Dios escribe la Biblia. La vida de los patriarcas es la Biblia vivida del Antiguo Testamento; como lo es la vida de Jesús en los Evangelios; y los Hechos de los apóstoles, que forman gran parte del Nuevo Testamento. Lo demás son doctrinas para la Iglesia.

CAPÍTULO # 14
¿Qué es el hombre?

Versos 1-2: "El hombre nacido de mujer, Corto de días, y hastiado de sinsabores, Sale como una flor y es cortado, huye como la sombra y no permanece."

Ahora Job diserta sobre lo fugaz de la vida del hombre. Primero: El hombre, nacido en pecado; del vaso más débil. Segundo: Corto de días, y hastiado de sinsabores. En el cielo, días largos y felices. En el infierno largos y terribles. ¿Dónde está la generación de nuestros abuelos? Pasaron como la flor del campo. A menos que sea por desastre, donde mueren muchos, la humanidad es como un árbol de flores. Unas flores están en capullo, otras en flor, y otras marchitas.

Versos 3-6: "¿Sobre éste abres tus ojos, Y me traes a juicio contigo? ¿Quién hará limpio a lo inmundo? Nadie. Ciertamente sus días están determinados, Y el número de sus meses está cerca de ti; Le pusiste límites, de los cuales no pasará. Si tú lo abandonares, él dejará de ser; Entre tanto deseará, como el jornalero su día:"

El Salmo 90:10 Dice: "Los días de nuestra edad son setenta años; Y si en los más robustos son ochenta años, Con todo, su fortaleza es molestia y trabajo, Porque pronto pasan y volamos."

Aquí dice que nuestros días están contados. Nuestros límites están determinados. El hombre está limitado a la tierra. Esto pone el sello a los que pretenden viajar a otros planetas. ¡Piense! Muchos dicen que hay platillos voladores que se acercan a la tierra. Sin embargo, la estación espacial no ha reportado haber visto ninguno. ¿Qué son esas luces que muchos ven en el espacio? Son restos de satélites, que al penetrar en la atmósfera, arden. Dios está en control. El hizo la tierra para el hombre no para extraterrestres.

Versos 7-10: "Porque si el árbol fuere cortado, aún queda de él esperanza; Retoñará aún, y sus renuevos no faltarán. Si se envejeciere en la tierra su raíz, Y su tronco fuere muerto en el polvo, Al percibir el agua reverdecerá, Y hará copa como planta nueva. Mas el hombre morirá, y será cortado; Perecerá el hombre, ¿y dónde estará él?"

¿Será el árbol mejor que el hombre? Hay cierta semejanza entre el árbol y el hombre, pero Job no lo sabía. Así como el árbol resucita, el hombre resucita. "Unos para vida eterna, otros para vergüenza y confusión perpetua." (Daniel 12:2, Apocalipsis 20:11-15).

Nuestros cuerpos, como el árbol, resucitan en nuestros descendientes. Ellos heredan nuestros genes y características. Es por eso que la homosexualidad es antinatural. Cuando ellos mueren, son como árboles desarraigados y sin fruto.

Por la Palabra de Dios sabemos dónde estará el creyente después de la muerte. "Ausentes del cuerpo, presentes en Cristo." También sabemos dónde estarán los que no aceptan a Cristo. (Lucas 16: 19-31).

Versos 11-13: "Como las aguas se van del mar, Y el río se agota y se seca, Así el hombre yace y no vuelve a levantarse; Hasta que no haya cielo, no despertarán, Ni se levantarán de su sueño. ¡Oh, quién me diera que escondieses en el Seol, Que me encubrieses hasta apaciguarse tu ira, Que me pusieses plazo, y de mí te acordaras!".

Esta era la creencia sin esperanza de los del Antiguo Testamento. Job anhela el descanso en la tumba. (Aquí la palabra hebrea para Seol, es "Queber", que significa; sepulcro.) En el griego Seol es Hades, y significa: infierno.

Muchas religiones usan estos pasajes para afirmar que el hombre, cuando muere; duerme en el polvo hasta el día de la resurrección de los salvos. Por eso niegan el infierno y el cielo. Ellos afirman que los perdidos no resucitarán.

Versos 14-17: "Si el hombre muriere, ¿volverá a vivir? Todos los días de mi edad esperaré, Hasta que venga mi liberación. Entonces llamarás, y yo te responderé; Tendrás afecto a la hechura de tus manos. Pero ahora me cuentas los pasos, Y no das tregua a mi pecado; Tienes sellada en saco mi prevaricación, Y tienes cosida mi iniquidad."

Esta es una profecía para la nueva criatura, redimida por la Sangre de Cristo. El creyente suspira por el retorno de Cristo para recibir el cuerpo glorificado.

Job continúa su oración en forma de queja. "En parte hablamos y en parte profetizamos."

Versos 18-19: "Ciertamente el monte que cae se deshace, Y las peñas son removidas de su lugar; Las piedras se desgastan con el agua impetuosa, que se lleva el polvo de la tierra; De igual manera haces tú perecer la esperanza del hombre."

Aquí Job declara una gran verdad: El tiempo lo devora todo. Lo que el tiempo no puede devorar es la esperanza del creyente.

Versos 20-22: "Para siempre serás más fuerte que él, y él se va; Demudarás su rostro, y le despedirás. Sus hijos tendrán honores, pero él no lo sabrá; O serán humillados, y no entenderá de ello. Mas su carne sobre él se dolerá, y se entristecerá en él su alma."

Estos versos describen lo efímera que es la belleza física. El rostro de los ancianos es demudado por las arrugas. La bella manzana se va secando, hasta caer del árbol.

Aunque muchos creen que cuando la persona parte de este mundo se convierte en ángel guardián de los familiares, lo cierto es que no saben nada de los que sucede en la tierra.

Los ángeles fueron creados de una vez; son espíritus de diversas clases; pero los seres humanos no se tornan en ángeles. Eso de que mi abuela me mira y me cuida, son fantasías de la falta de conocimiento de la Palabra de Dios.

Después de la partida del ser amado, llevamos su recuerdo en nuestro corazón, pero no le volvemos a ver, ni a tener contacto con él, hasta que nos reunamos en el cielo o en el infierno.

CAPÍTULO # 15
No se necesitan enemigos

Versos 1-6: "Respondió Elifaz temanita, y dijo: ¿Proferirá el sabio vana sabiduría, Y llenará su vientre de viento solano? ¿Disputará con palabras inútiles, Y con razones sin provecho? Tú también disipas el temor, Y menoscabas la oración delante de Dios. Porque tu boca declaró tu iniquidad, Pues has escogido el hablar de los astutos. Tu boca te condenará, y no yo; Y tus labios testificarán contra ti."

¡Qué fácilmente su amigo Elifaz mal interpreta las palabras de Job! Él lo acusa de necio y de absurdo. Le dice: "Te has enlazado en el dicho de tus labios:" Prov. 6:4.

Versos 7-11: "¿Naciste tú primero que Adán? ¿O fuiste formado antes que los collados? ¿Oíste el secreto de Dios, Y está limitada a ti la sabiduría? ¿Qué sabes tú que no sepamos? ¿Qué entiendes tú que no se halle en nosotros? Cabezas canas y hombres muy ancianos h ay entre nosotros, Mucho más avanzados en días que tu padre."

No podemos juzgar a Elifaz por sus palabras. El juzga por lo que oye y por lo que ve. Todos nosotros siempre estamos tratando de justificar a Dios. El origen de la mayoría de las guerras, son por cuestiones religiosas. Muchas veces el hombre ha actuado como un villano, y un asesino, en el nombre de Dios. Todos creen que conocen a Dios, y que saben cómo piensa.

Recuerde la Gran Inquisición, entre los siglos 12 al 15 DC. En aquel tiempo los religiosos en España mataron doce millones de judíos y de creyentes, defendiendo a Dios. Hitler mató seis millones de judíos; y era un hombre muy religioso. Él decía que los blancos venían de Dios; los judíos no. Los amos blancos de los esclavos creían que los de la raza negra no son seres humanos.

Versos 11-13: "¿En tan poco tienes las consolaciones de Dios, Y las palabras que con dulzura se te dicen? ¿Por qué tu corazón te aleja, y por qué guiñan tus ojos? ¿Para que contra Dios vuelvas tu espíritu, Y saques tales palabras de tu boca?"

"¿Te atreves a pelear contra Dios? Eres un mal agradecido: Nosotros hemos venido a consolarte. El Señor nos ha mandado a darte ánimo, y a mostrarte en qué has fallado."

Es cierto que los argumentos de los amigos de Job le hacían olvidar sus dolores físicos; aquellos consuelos; como ellos llamaban sus acusaciones; le estaban hiriendo en su mente y su espíritu.

Versos 14-16: "¿Qué cosa es el hombre para que sea limpio, Y para que se justifique el nacido de mujer? He aquí, en sus santos no confía, Y ni aun los cielos son limpios delante de sus ojos; ¿Cuánto menos el hombre abominable y vil, Que bebe la iniquidad como agua?"

El argumento de Elifaz es que el hombre no puede justificarse ante Dios. Él es nacido de mujer. Para los orientales la mujer no valía nada. Ella era vendida como mercancía común. Era concebido en pecado, como dice el Salmo 51:5. Dios no confía en los ángeles porque la tercera parte de ellos se rebeló contra él con Satanás.

Los cielos no eran limpios, en aquel tiempo pero ahora el tercer cielo ha sido limpiado por el sacrificio de Cristo. (Hebreos. 9:12 y 24). Como el hombre no podía justificarse por sí mismo, por su condición de muerte espiritual, tuvo que venir Cristo a pagar la deuda, para declarar justo al que tiene fe en Su Sacrificio.

Versos 17-20: ""Escúchame; yo te mostraré, Y te contaré lo que he visto; Los que los sabios nos contaron De sus padres, y no lo encubrieron; A quienes únicamente fue dada la tierra, Y no pasó extraño por en medio de ellos. Todos sus días, el impío es atormentado de dolor, Y el número de sus años está escondido para el violento."

Elifaz arguye que lo que le está diciendo a Job lo escucho de sus antepasados. El implica que Job está sufriendo porque es impío. Le avisa que de un momento a otro le puede llegar la muerte sin aviso.

Esto es cierto, aunque no en el caso de Job. El creyente no es atormentado, porque vive en el reposo. Al inconverso le piden el alma, (Lucas 12:20). En cualquier momento lo matan. El creyente, como Pablo; entrega su espíritu. Esto es; sabe cuándo debe irse con el Señor, (2 Tim.4:7-8).

Versos 21-25: "Estruendos espantosos hay en sus oídos; En la prosperidad el asolador vendrá sobre él. El no cree que volverá de las tinieblas, Y descubierto está para la espada. Vaga alrededor tras el pan, diciendo: ¿En dónde está? Sabe que le está preparado día de tinieblas. Tribulación y angustia le turbarán, Y se esforzarán contra él como un rey dispuesto para la batalla, por cuanto extendió su mano contra Dios, Y se portó con soberbia contra el Todopoderoso."

Aquí tenemos la acusación del diablo contra el hombre. "No hay paz para los impíos." Elifaz aplica esto a Job. Es cierto que a los impíos los sorprende la muerte, cuando están en la cúspide de la fama. Ejemplo: Diana, la princesa. El presidente Kennedy. Muchos de los ídolos del cine y del deporte. Ellos no estaban pensando en la muerte, por eso estaban descuidados. Sin embargo, ellos sabían que les esperaba el juicio.

Entonces su amigo procede a decirle: "Tú, Job": y continúa: Te ha venido angustia y tribulación porque has extendido tu mano contra Dios. Eres orgullosos y soberbio."

Versos 26-29: "Corrió contra él contra él con cuello erguido, Con la espesa barrera de sus escudos. Porque la gordura cubrió su rostro, E hizo pliegues sobre sus ijares; Y habitó las ciudades inhabitadas, Que estaban en ruinas. No prosperará, ni durarán sus riquezas, Ni extenderá por la tierra su hermosura."

El amigo acusa a Job de haber quitado bienes a los pobres con engaño. Le acusa de glotonería, y le dice que su riqueza no durará ni su hermosura será trasmitida a su descendencia.

*Versos 30-35: "No escapará de las tinieblas; La llama secará sus ramas, Y con el aliento de su boca perecerá. No confíe el iluso en la vanidad, Porque ella será su recompensa. El **será cortado** antes de su tiempo, Y sus renuevos no reverdecerán. Perderá su agraz como la vid, Y derramará su flor como el olivo. Porque la congregación de los impíos será asolada, Y fuego consumirá las tiendas de soborno. Concibieron dolor, dieron a luz iniquidad, Y en sus entrañas traman engaño."*

El perverso será cortado antes de tiempo. Entonces irá al infierno. Con el aliento de su boca, o con lo que confiesa con sus labios, perecerá.

Aquí hay una gran enseñanza para nosotros. Proverbios 18:20-21 dice: "Del fruto de la boca el hombre llenará su vientre. Se saciará del producto de sus labios. La muerte y la vida están en poder de la lengua. El que la ama comerá de sus frutos."

Tenemos que tener mucho cuidado con lo que confesamos con nuestros labios, porque podemos sembrar nuestro futuro en el reino espiritual; y de allí cosechar nuestra muerte prematura.

Elifaz continúa su discurso diciendo: "El que vive de ilusiones, muere de desengaños." Y; "La riqueza que se obtiene por engaño, no sobrevive la tercera generación. Por eso tus hijos murieron tan jóvenes. Has sembrado vientos, y estás cosechando tempestades."

CAPÍTULO # 16
Si estuvieras en mis zapatos

Versos 1-5: "Respondió Job, y dijo: Muchas veces he oído cosas como estas; ¿Tendrán fin las palabras vacías? También yo podría hablar como vosotros, Si vuestra alma estuviera en lugar de la mía; Yo podría hilvanar contra vosotros palabras, Y sobre vosotros mover mi cabeza. Pero yo os alentaría con mis palabras, Y la consolación de mis labios apaciguaría vuestro dolor."

Job responde diciendo que sus amigos son consoladores molestos. ¿Hasta cuándo dejarían de hablar palabras vacías de acusación, si no conocían la verdad? Él dice que si ellos estuvieran en su condición; él los consolaría.

¡Cuántas veces nosotros nos sentamos en silla de escarnecedores! Juzgamos sin conocer las circunstancias. Por eso nuestros labios deben se llenos de dulzura, y no de reproches, ni acusaciones.

Versos 6-11: "Si hablo, mi dolor no cesa; Y si dejo de hablar, no se aparta de mí. Pero ahora tú me has fatigado: Has asolado mi compañía. Tú me has llenado de arrugas; testigo es mi flacura, Que se levanta contra mí para testificar en mi rostro. Su furor me despedazó, y me ha sido contrario; Crujió dientes contra mí; Contra mí aguzó sus ojos mi enemigo. Abrieron contra mí su boca; Hirieron mis mejillas con afrenta; Contra mí se juntaron todos. Me ha entregado Dios al mentiroso, Y en las manos de los impíos me hizo caer."

Aquí tenemos la profecía del sufrimiento de Cristo registrada en el Salmo 22. También del sufrimiento en el Getsemaní. El profeta describe el juicio de Jesús. Nos parece estar oyendo las falsas acusaciones de los sacerdotes, y de los testigos falsos que trajeron para acusarle. "Rodéate ahora de muros, hija de guerreros: nos han sitiado; con vara herirán en la mejilla al juez de Israel" (Miqueas. 5:1)

En Mateo 26: 67 dice: Entonces le escupieron el rostro, y le dieron de puñetazos, y otros le abofeteaban, diciendo: Cristo, quién es el que te golpeó."

Los mentirosos, y los impíos eran el Sanedrín y el Sacerdocio. El sacerdocio estaba vigente; él debía durar hasta que ofreciera al Cordero de Dios que quita el pecado del mundo.

Después del Sacrificio de Cristo, ellos continuaron ofreciendo sacrificios, pero ya Dios no los aceptaba, (Isaías 66:3). Desde el año 70, no se ha encontrado ni uno de la familia sacerdotal levítica. Cuando Cristo resucitó de los muertos, recibió el sacerdocio de Melquisedec, del cual todos los creyentes forman parte. (Hebreos 7).

Versos 12-17: "Próspero estaba, y me desmenuzó; Me arrebató por la cerviz y me despedazó, Y me puso por blanco suyo. Me rodearon sus flecheros, Partió mis riñones y no perdonó; Mi hiel derramó por tierra. Me quebrantó de quebranto en quebranto; Corrió contra mí como un gigante. Cosí cilicio sobre mi piel, y puse mi cabeza en el polvo. Y mi rostro está inflamado con el lloro, Y mis párpados entenebrecidos, A pesar de no haber iniquidad en mis manos, Y de haber sido mi oración pura."

Job profetiza y describe ahora el sufrimiento de Cristo en la cruz, y durante los tres días y tres noches en el vientre de la tierra, descritos en el Salmo 88, y en Jonás, cap. 2.

Versos 18-22: "¡Oh tierra! No cubras mi sangre, Y no haya lugar para mi clamor. Mas he aquí que en los cielos está mi testigo, Y mi testimonio en las alturas. Disputadores son mis amigos; Mas ante Dios derramaré mis lágrimas. ¡Ojalá pudiese disputar el hombre con Dios, Como con su prójimo! Mas los años contados vendrán, Y yo iré por el camino de donde no volveré."

Nos parece ver el rostro de los amigos mientras Job habla con Dios, y profetiza. Ellos no entienden lo que está sucediendo, mas están siendo utilizados en el registro de la Biblia.

Ahora verán algo muy importante. Los días del hombre están contados. Nadie se muere antes ni después de lo que Dios ha determinado. Así también hay un día determinado de oportunidad cada año para la salvación del hombre perdido.

Vamos un momento al Salmo 119. Allí veremos algunos secretos en el idioma Hebreo. El alfabeto tiene significados y valores numéricos. El nombre de Satanás en Hebreo es He-sin-tet-nun. He tiene el valor numérico de 5. Sin, de 300. Tet, de 9. Nun, de 50. Si los sumamos todos, nos da 364. Esto significa que el diablo tiene control del hombre perdido durante 364 días. El día # 365, es el día que la gracia ha dispuesto para su salvación personal. Nadie sabe cuál es, pero es el día en que el creyente ha aceptado a Cristo. No es casualidad que ese día alguien nos predicara el evangelio.

Job pide que la tierra no encubra su sangre. La sangre de Cristo no fue encubierta por la tierra: A medida que salía de sus heridas, se evaporaba en el aire. Esa sangre era la vida divina. Adán había perdido la suya en la caída. En cuerpo físico de Jesús venía embotellada la vida del Padre.

Es el padre el que le da la sangre al niño. Sangre es vida. En Juan 1:4 dice: "En él estaba la vida, y la vida era la luz de los hombres." Por eso fue que Jesús no podía ser engendrado por ningún hombre. Todos los hombres han heredado la corrupción de la sangre de Adán. El Espíritu Santo engendró a Jesús en el vientre de María, una joven virgen. La sangre de los hombres mancha; la de Cristo limpia, porque es sangre de Dios.

Entonces Job volvió a declarar que no había mediador entre Dios y los hombres. No había comunicación entre el cielo y el hombre. El cielo se había vuelto de bronce desde la caída. La oración era contestada por medio de ángeles. Cuando Cristo fue bautizado, el cielo se abrió; (3:16) y hoy el creyente puede acercarse al Trono de la Gracia, para hallar gracia y alcanzar misericordia para el oportuno socorro.

CAPÍTULO # 17
Estoy preso

Versos 1-5: "Mi aliento se agota, se acortan mis días. Y me está preparado el sepulcro. No hay conmigo sino escarnecedores, En cuya amargura se detienen mis ojos. Dame fianza, oh Dios; sea mi protección cerca de ti. Porque ¿quién querría responder por mí? Porque a estos has escondido de su corazón la inteligencia; Por tanto, no los exaltarás. Al que denuncia a sus amigos como presa, Los ojos de sus hijos desfallecerán."

Job siente que está al borde de la muerte. Su aliento se había acortado, señalando que estaba mal en su corazón. Entonces oró porque pasase de él aquella copa. Él se siente prisionero, y sus amigos se han vuelto brutos. Sus hijos pagarían por su insensibilidad.

Versos 6-10: "Él me ha puesto por refrán de los pueblos, Y delante de ellos he sido como tamboril. Mis ojos oscurecen por el dolor. Y mis pensamientos todos son como sombra. Los rectos se maravillarán de esto, Y el inocente se levantará contra el impío. No obstante, proseguirá el justo su camino, Y el limpio de manos aumentará la fuerza. Pero volved todos vosotros, y venid ahora, Y no hallaré entre vosotros sabio."

Aparentemente la noticia de la calamidad de Job se había esparcido como pólvora. El dolor de los tumores que cubrían a Job le había opacado la vista. Entonces declaró que era inocente de lo que los amigos le acusaban. Les declaró que el inocente se levantaría contra el impío. Esto es: El creyente; declarado justo por la sangre de Cristo; hablará el evangelio al pecador.

Versos 11-16: "Pasaron mis días, fueron arrancados mis pensamientos, Los designios de mi corazón. Pusieron la noche por día, Y la luz se acorta delante de las tinieblas. Si yo espero, el Seol es mi casa; Haré mi cama en las tinieblas. A la corrupción he dicho: Mi padre eres tú; A los gusanos: Mi madre y mi hermana. ¿Dónde, pues, estará ahora mi esperanza? Y mi esperanza, ¿quién la verá? A la profundidad del Seol descenderán, Y juntamente descansarán en el polvo."

Job no sabía que a la muerte le esperaban sus padres en el Seno de Abraham, o el paraíso. El no conocía el destino de su alma y su espíritu después de su partida de su cuerpo.

Así muchos tiemblan ante el pensamiento de la muerte, pensando que sentirán el dolor de los gusanos comiendo su carne. Este terror es el que debe llevarlos a adquirir conocimiento de la Biblia.

Otros, están muy confiados que a su muerte le esperan 72 vírgenes en el paraíso. Por esa esperanza, dispones de sus vidas. Y las mujeres; ¿qué esperanza tienen?

Otros piensan que van a reencarnar innumerables veces hasta alcanzar la unión con el gran todo. Ellos piensan que cuando termine la rueda de encarnaciones, se unirán, como una gota de agua, a un gran mar. ¡Qué muchas fantasías se inventan los que no conocen la Biblia!

Hebreos 9:27 dice: "Y de la manera que está establecido para los hombres que mueran una sola vez, y después de esto, el juicio." Esta es la única verdad. Después de la muerte comparecerán a Juicio. El creyente comparece ante el trono de Cristo a recibir lo que haya hecho mientras estuvo en el cuerpo de Cristo, (2 Corintios 5:10).

CAPITULO # 18
Lo que le espera al perdido

Versos -4: "Respondió Bildad suhita, y dijo: ¿Cuándo pondréis fin a las palabras? Entended, y después hablemos. ¿Por qué somos tenidos por bestias? ¿Y a vuestros ojos somos viles? Oh tú, que te despedazas en tu furor, ¿Será abandonada la tierra por tu causa, Y serán removidas de su lugar las peñas?"

Ahora le toca a Bildad suhita. Él ha de continuar la acusación contra Job. El relata lo que le espera al que no conoce a Dios. Él dice que Job se está arrancando la carne de la rabia que siente, y le pregunta: ¿Quién te crees que tú eres? ¿Por qué nos llamas brutos?

Versos 5-10: "Ciertamente la luz de los impíos será apagada, y no resplandecerá la centella de fuego. La luz se oscurecerá en su tienda, Y se apagará sobre él su lámpara. Sus pasos vigorosos serán acortados, Y su mismo consejo lo precipitará. Porque red será echada a sus pies, Y sobre mallas andará. Lazo prenderá su calcañar; Se afirmará la trampa contra él. Su cuerda está escondida en la tierra, Y una trampa le aguarda en la senda."

"Lámpara de Jehová es el espíritu del hombre, la cual escudriña lo más profundo del corazón." Dice Prov. 20:27. El impío tiene esa lámpara apagada. Él no tiene conocimiento de lo espiritual. Puede que sea muy inteligente, un genio, pero es solo conocimiento adquirido a través de los sentidos. Hay dos clases de conocimiento: 1: El que adquirimos en la escuela, la universidad, y la vida diaria. 2: El del espíritu.

El conocimiento de lo espiritual es muy importante, pues la sabiduría, la fe, el amor y la esperanza, vienen del espíritu. Por otra parte; el odio, la envidia y el egoísmo, también vienen del espíritu. Estas cosas no son emociones de los sentidos, sino el fruto de la relación que uno tiene con Dios o con el diablo, aunque se manifiestes por medio de los cinco sentidos.

Bildad profetiza lo que le espera al hombre en el infierno. Por más que el hombre trate de buscar salvación sin Cristo, el diablo siempre lo tendrá agarrado por el talón. El diablo le tiene una soga al cuello Si el hombre supiera lo que le espera, correría a buscar a Cristo.

Versos 11-14: "De todas partes le asombrarán temores, Y le harán huir desconcertado. Serán gastadas de hambre sus fuerzas, Y a su lado estará preparado quebrantamiento. La enfermedad roerá su piel, y a sus miembros devorará el primogénito de la muerte. Su confianza será arrancada de su tienda Y al rey de los espantos será conducido."

Mientras está con vida, el inconverso está lleno de temores. No tiene esperanza. ¿Qué bien puede esperar de un diablo que lo tiene amarrado con soga, y agarrado por los talones?

La enfermedad roerá su piel. Las plagas le vendrán una tras otra, hasta que lo devore el primogénito de la muerte, que es la muerte física. La muerte espiritual, la naturaleza de Satanás tiene dos hijas: La muerte física, y la muerte espiritual, que es la muerte segunda, la eterna separación de Dios. A la muerte será conducido al rey de los espantos; el diablo y el infierno.

Bildad le dice a Job que el cielo está airado con él; que la tierra está enferma de él, y que el infierno lo está esperando.

Versos 15-18: "En su tienda morará como si no fuese suya; Piedra de azufre será esparcida sobre su morada. Abajo se secarán sus raíces, Y arriba serán cortadas sus ramas. Su memoria perecerá de la tierra, Y no tendrá nombre por las calles. De la luz será lanzado a las tinieblas, Y echado fuera del mundo."

Note el fracaso y la maldición del que deja a Cristo. Sus hijos se pierden. Después que muere nadie se acordará de él. Como Alejandro, Napoleón, Gengis Khan, Hitler y todos los malvados. Su recuerdo es a causa de su maldad. Del reino de la luz, el reino del Amado, regresa al reino y dominio del diablo, el príncipe de las tinieblas.

Versos 19-21: "No tendrá hijo ni nieto en su pueblo, ni quien le suceda en sus moradas. Sobre su día se espantarán los de occidente, Y pavor caerá sobre los del oriente. Ciertamente tales son las moradas del impío, Y este será el lugar del que no conoció a Dios."

Todo este discurso de acusaciones y de amenazas, fue dirigido a Job. Bildad dice que cuando los orientales y los occidentales oigan la noticia del castigo de Job, se espantarán.

CAPITULO # 19
Sufrimientos del Calvario

Verso 1: "Respondió Job, y dijo: ¿Hasta cuándo angustiaréis mi alma, y me moleréis con palabras?"

¡Cuán ciertas son esas palabras! Con ellas se hacen los lazos más importantes, con ellas bendecimos o maldecimos. Ellas no rompen huesos, pero rompen corazones.

Versos 2-6   "Ya me habéis vituperado diez veces; "¿No os avergonzáis de injuriarme? Aun siendo verdad que yo haya errado sobre mí recaería mi error. Pero si vosotros os engrandecéis contra mí, Y contra mí alegáis mi oprobio, Sabed ahora que Dios me ha derribado, Y me ha envuelto en su red."

Job se queja de que sus amigos le han vituperados diez veces, Esta fue la queja de Dios a Moisés en el desierto. Job reclama que Dios lo ha derribado. Así el hombre culpa a Dios por los desastres de la naturaleza, cuando en realidad estas son el resultado de la distorsión de estas leyes, que vinieron con la caída de Adán.

Versos 7-9: "He aquí, yo clamaré agravio, y no seré oído; Daré voces, y no habrá juicio. Cercó de vallado mi camino, y no pasaré; Y sobre mis veredas puso tinieblas. Me ha despojado de mi gloria, Y quitado la corona de mi cabeza."

En estos versos recordamos que Jesús dejó su gloria para venir al salvar al hombre perdido. Fil 2: 5-7: "El cual siendo es forma de Dios, no estimó el ser igual a Dios como cosa a qué aferrarse, sino que se despojó a sí mismo, tomando forma de siervo, hecho semejante a los hombres, y estando en la condición de hombre, se humilló a sí mismo haciéndose obediente hasta la muerte, y muerte de Cruz."

Versos *10-12: "Me arruinó por todos lados y perezco; Y ha hecho pasar mi esperanza como árbol arrancado. Hizo arder contra mí su furor, Y me contó para sí entre si entre sus enemigos. Vinieron sus ejércitos a una, y se atrincheraron contra mí, Y acamparon en derredor de mi tienda."*

Hombres y demonios se unieron en la crucifixión de Jesús. Él fue el Substituto del hombre perdido. En el pasado cuando alguien era llamado a pelear en la guerra, podía alquilar un substituto que fuera por él. Todos los honores que el substituto obtuviera, eran puestos en la cuenta del que le alquiló. Así también cuando Cristo actuó como nuestro Substituto, su Trabajo ´fue puesto a nuestra cuenta.

Versos 13-16: "Hizo alejar de mí a mis hermanos, Y mis conocidos como extraños se alejaron de mí Mis parientes se detuvieron, Y mis conocidos se olvidaron de mí. Los moradores de mi casa y mis criadas me tuvieron por extraño; Forastero fui a sus ojos. Llamé a mi siervo, y no respondió; De mi propia boca le suplicaba."

Job no sabía que con sus palabras se estaba escribiendo la profecía del Sacrificio de Cristo. En la crucifixión del Señor, los discípulos huyeron. Todos le abandonaron. Aquí se revela la soledad que Jesús sintió aquella noche tan amarga.

Cuando Jesús colgó de la cruz, las primeras palabras que salieron de sus labios partidos fueron: "Dios mío, ¿Por qué me has desamparado?" La divinidad se había separado de él. En el huerto de Getsemaní, Jesús sufrió más que en la cruz.

Cuando Jesús nació como el Bebé de Belén, solo participó de la naturaleza física del hombre caído, por eso no tenía pecado. En el huerto él se enfrentaba al hecho de participar de la naturaleza de muerte espiritual del hombre. Un hombre había entregado la raza humana en manos del diablo; no era justo que la rescatara un Dios.

Hebreos. 2:14 dice: "Así que, por cuanto los hijos participaron de carne y sangre, él participó de lo mismo, para destruir por medio de la muerte, al que tenía el imperio de la muerte, esto es, al diablo."

Jesús dijo que el diablo venía, pero que no tenía nada en él. Por otra parte, nadie podía quitarle la vida a Jesús. "En él estaba la vida." "Nadie me quita la vida, sino que yo de mí mismo la pongo." Juan 10:18.

Así que para que Jesús pudiera morir, debió participar de la naturaleza espiritual del hombre. Sólo entonces pudo morir. Y fue llevado a donde tiene que ir el hombre perdido.

En Lucas 11:21, tenemos otra revelación: "Cuando el hombre fuerte guarda su palacio, en paz está todo lo que posee, pero cuando viene otro más fuerte que él y le vence, le quita las armas en que confiaba, y reparte el botín."

El hombre fuerte era el diablo guardando el dominio de la creación que le había quitado a Adán. Ahora el más Fuerte que él, le ha derrotado, y le ha quitado las armas en que confiaba: las llaves del infierno y de la muerte, Apocalipsis. 1:18.

El Salmo 88 y la oración de Jonás son las profecías del sufrimiento de Jesús durante tres días y tres noches que estuvo en el vientre de la tierra como nuestro Substituto.

Cuando hubo pagado la deuda que el hombre debía a la Suprema Corte Justicia del Universo, el Padre **le justificó;** 1 Tim.3:16. **Le vivificó;** 1 Pedro 3:18. **Le engendró** de nuevo; Hebreos1:3-5. Entonces entró al palacio del diablo, en el infierno, y allí le derrotó antes sus huestes de demonios, y se levantó inmortal.

Todo lo que Jesús había obtenido con sus victorias ha sido puesto en la cuenta de la Iglesia. Ella tiene derecho de sacar de ella para sus batallas de ofensa y defensa contra las huestes de mal; para ayudar a libertar a otros, y para sus peticiones y oraciones. Todo el poder está envuelto en el Nombre de Jesús.

Versos 17-20: "Mi aliento vino a ser extraño a mi mujer, Aunque por los hijos de mis entrañas le rogaba. Aun los muchachos menospreciaron; Al levantarme hablaban contra mí. Todos mis íntimos amigos me aborrecieron. Y los que yo amaba se volvieron contra mí. Mi piel y mi carne se pegaron a mis huesos, Y he escapado con sólo la piel de mis dientes."

Aparentemente Job era despreciado hasta por su mujer. No podemos culparla. Los jóvenes se burlaban de él. El Salmo 22 dice: "Todos los que me ven me escarnecen." Esto se cumplió mientras Jesús colgaba desnudo de la cruz.

Versos 21-22: "¡Oh, vosotros mi amigos, tened compasión de mí! Porque la mano de Dios me ha tocado. ¿Por qué me perseguís como Dios, Y ni aun de mi carne os saciáis?

El pobre Job pide que sus amigos le compadezcan. El problema era que ellos pensaban que era un muy merecido castigo de Dios. No podía esperan misericordia de nadie. Así también cuando nosotros hacemos juicios hacia una persona, se nos hace difícil actuar con misericordia.

Versos 23-24: "¡Quién me diese ahora que mis palabras se escribiesen en un libro; Que con cincel de hierro y con plomo Fuesen esculpidas en piedra para siempre!"

Para siempre han sido esculpidas sus palabras en la roca: La Biblia. Él no sabía que cada jota y cada tilde estaban siendo registradas por la mano divina.

Versos 25-27: "Yo sé que mi Redentor vive, Y al fin se levantará sobre el polvo; Y después de deshecha esta mi piel, En mi carne he de ver a Dios. Al cual veré por mí mismo, Y mis ojos lo verán, y no otro, Aunque mi corazón desfallece dentro de mí."

¡Qué gloriosa revelación! Aquí nos damos cuenta clara que Job decía cosas inspiradas, que él mismo no entendía. El Redentor, Cristo, vendría al mundo; caminaría en este tierra, compraría nuestra redención con su Sacrificio, y al fin nos resucitaría. Y nosotros, junto con Job, le veríamos cara a cara.

Versos 28-29: "Mas debierais decir: ¿Por qué le perseguimos? Ya que la raíz del asunto se halla en mí. Temed vosotros delante de la espada; Porque sobreviene el furor de la espada a causa de las injusticias, Para que sepáis que hay un juicio."

Job amonesta a sus amigos acerca de hacer juicios a la ligera. Él dice que el problema está en él, no en ellos. Entonces les dice: Cuidado. Las injusticias despiertan la espada del juicio. Cristo dijo que con la misma medida que medimos, nos será medido. No es con otra, sino con la misma.

CAPITULO # 20
La efímera riqueza del impío

Versos 1-7: "Respondió Zofar naamatita, y dijo: Por cierto mis pensamientos me hacen responder, Y por tanto me apresuro. La reprensión de mi censura he oído, Y me hace responder el espíritu de mi inteligencia.

¿No sabes esto, que así fue siempre, Desde el tiempo que fue puesto el hombre sobre la tierra, Que la alegría de los malos es breve, Y el gozo del impío por un momento? Aunque subiere su altivez hasta el cielo, Y su cabeza tocare las nubes, Como estiércol, perecerá para siempre; Los que le hubieren visto dirán: ¿Qué hay de él?"

Este discurso es otra verdad mal aplicada.- Zofar acusa a Job de Hipocresía. El confiesa no tener control de su lengua. El espíritu de su inteligencia le hace responder. "De la abundancia del corazón habla la boca." Entonces acusa a Job de orgullo.

Aunque la honra, la fama y la riqueza eleven al hombre hasta las nubes, de allí lo bajará Dios. "La paga del pecado es muerte." Y esta no es muerte física, sino la eterna separación de Dios. Es morir y estar siempre muriendo. ¿Dónde están los grandes del mundo?

Versos 8-11: "Como sueño volará, y no será hallado, Y se disipará como visión nocturna. El ojo que le veía, nunca más le verá, Ni su lugar le conocerá más. Sus hijos solicitarán el favor de los pobres, Y sus manos devolverán lo que robó. Sus huesos están llenos de su juventud Mas con el polvo yacerán."

Los grandes del mundo ya tienen su recompensa. Si han sido grandes filántropos, sus monumentos permanecen por un tiempo, y luego son echados al olvido. El rey de los terrores se ha apoderado de ellos, y llevado en sus garras. Esto es así porque nadie se salva por hacer buenas obras. (Efesios 2:8-9) Las buenas obras de los perdidos son obras de reos espirituales, y Dios no las acepta. La única obra que Dios acepta es el de Cristo

Son los creyentes, quienes como resultado de ser salvos, fueron creados para hacer buenas obras: (Efe. 2:10).

Al impío le sorprende la muerte. Muchos mueren en la plena juventud. El fruto de la maldición es que sus hijos serán pordioseros. Otros mueren sin haber tenido hijos.

Versos 12-17: "Si el mal se endulzó en su boca. Si lo ocultaba debajo de su lengua, Si le parecía bien, y no lo dejaba, Sino que lo detenía en su paladar, Su comida se mudará en sus entrañas; Hiel de áspides será dentro de él. Devoró riquezas, pero las vomitará; De su vientre las sacará Dios. Veneno de áspides chupará; lo matará lengua de víbora. No verá los arroyos, los ríos, Los torrentes de miel y de leche."

Aquí habla de los placeres de los sentidos y de las lujurias de la carne. Estas cosas traen consecuencias funestas, como el cáncer, o el sida. Tendrá que dejar las riquezas que heredó, o robó.

El Salmo 24 dice que de Jehová es la tierra y su plenitud, el mundo y los que en él habitan. Nadie ha podido llevar consigo ninguna riqueza cuando se va de este mundo. Todo es de Dios. La víbora mencionada es el diablo, la serpiente antigua; el rey de los terrores. No verá los ríos de leche y miel que se había prometido.

Versos 18-22: "Restituirá el trabajo conforme a los bienes que tomó, Y no los tragará ni gozará. Por cuanto quebrantó y desamparó a los pobres, Robó casas, y no las edificó; Por tanto, no tenderá sosiego en su vientre, Ni salvará nada de lo que codiciaba. No quedó nada que no comiese; Por tanto, su bienestar no será duradero. En el colmo de su abundancia, padecerá estrechez; La mano de todos los malvados vendrá sobre él."

"Lo mal quitado no luce." Como Judas, no se quedará con el precio de su traición. La gula hace estragos en su cuerpo. El disfrutar de todo pecado trae enfermedades. Entonces no podrá comer porque su estómago no lo acepta. Y lo peor será ver los herederos malvados enviándole pronto de este mundo para heredar y robar lo que deja.

Versos 23-26: "Cuando se pusiere a llenar su vientre, Dios enviará sobre él el ardor de su ira, y la hará llover sobre él y sobre su comida. Huirá de las armas de hierro, Y el arco de bronce le atravesará. La saeta le traspasará y saldrá de su cuerpo, Y la punta relumbrante saldrá por su hiel; Sobre él vendrán terrores. Todas las tinieblas están reservadas para sus tesoros; Fuego no atizado los consumirá; Devorará lo que quede en su tienda."

Si le llevásemos este mensaje a los perdidos, creo que aceptarían el evangelio al instante. Las amenazas de la Palabra de Dios son un arma poderosa. Si no se convierte por amor, se convierte por terror. Tendrá tormento de demonios todo el tiempo. Huirá de un lugar por ser violento, y se irá a otro peor. La violencia le seguirá donde quiera que vaya.

Versos 27-29: "Los cielos descubrirán su iniquidad, Y la tierra se levantará contra él. Los renuevos de su casa serán transportados; Serán esparcidos en el día de su furor. Esta es la porción que Dios prepara al hombre impío, Y la heredad que Dios le señala por su palabra."

Dios escuchó desde el cielo la voz de la sangre de Abel derramada por Caín. La tierra que recibió la sangre, maldijo a Caín, y sólo le produjo espinos y abrojos. (Génesis. 4:10-11). Los hijos de los perversos son llevados cautivos a las maldades de sus padres; sea al alcohol o a la droga, al asesinato o al robo. Esta es la terrible sentencia para el que no se convierte a Cristo. Es la horrible sentencia que él deja a sus descendientes.

CAPITULO #21
"¿Por qué prosperan los impíos?

Versos 1-5: "Entonces respondió Job. Y dijo: Oíd atentamente mi palabra, Y sea esto el consuelo que me deis. Toleradme, y yo hablaré; Y después que haya hablado, escarneced. ¿Acaso me quejo yo de algún hombre? ¿Y por qué no se ha de angustiar mi espíritu? Miradme y espantaos, Y poned la mano sobre la boca."

Job parece decir: ¡Déjenme hablar! ¡Escúchenme! Yo me estoy quejando ante Dios, no ante ustedes.

Versos 6-11: "Aun yo mismo, cuando me acuerdo, me asombro, Y el temblor estremece mi carne. ¿Por qué viven los impíos, Y se envejecen, y aun crecen en riquezas? Su descendencia se robustece a su vista, Sus casas están a salvo de temor Ni viene azote de Dios sobre ellos. Sus toros engendran, y no fallan; Paren sus vacas, y no malogran su cría. "

Esta es la pregunta que se hace cada creyente cuando está pasando por pruebas, como Job. Él se pregunta: ¿por qué prospera el impío? ¿No debía Dios enviarle castigos inmediatos? ¿Por qué viven en paz?

La prosperidad de los impíos es efímera. El Salmo 37:1-2 dice: "No te impacientes a causa de los malignos, Ni tengas envidia de los que hacen iniquidad. Porque como hierba serán cortados, y como hierba verde se secarán."

Versos 12-16: "Al son del tamboril y de cítara saltan, Y se regocijan al son de la flauta. Pasan sus días en prosperidad, y en paz descienden al Seol. Dicen, pues, a Dios: Apártate de nosotros, Porque no queremos el conocimiento de tus caminos. ¿Quién es el Todopoderoso, para que le sirvamos? ¿Y de qué aprovechará que oremos a él? He aquí su bien no está en mano de ellos; el consejo de los impíos lejos esté de mí. "

Estas mismas palabras dijo el Faraón de Egipto en Éxodo 5:2. "¿Quién es Jehová para que yo oiga su voz y deje ir a Israel?" La Palabra3 habla de su triste fin en los capítulos que siguen. Esto se escribió para amonestar al hombre. Por eso Job no quiere seguir sus pasos.

En la casa de los perdidos puede haber mucho baile y música. Es notable que cuando Caín pecó contra Dios, sus descendientes recibieron la música para paliar en algo su amargura. Sus nietos revelan la dureza de su maldición. Jabal, fue ganadero. Jubal, fue el padre de los que tocan arpa y flauta. Su segundo hijo, Tubal-caín, fue el Vulcano; el artífice de las obras de bronce y de hierro. Seguramente un trabajo muy pesado. La historia de sus descendientes termina con la triste historia de Lamec: polígamo y asesino.

Versos 17-21: "¡Oh, cuántas veces la lámpara de los impíos es apagada, Y viene sobre ellos su quebranto, Y Dios en su ira les reparte dolores! Serán como la paja delante del viento, Y como tamo que arrebata el torbellino. Dios guardará para los hijos de ellos la violencia; Le dará su pago, para que conozca. Verán sus ojos su quebranto, Y beberá la ira del Todopoderoso. Porque ¿qué deleite tendrá él de su casa después de sí, Siendo cortado el número de sus meses?"

Ahora Job diserta acerca del castigo de los impíos. Él dice que la lámpara de ellos es apagada. Esta lámpara es el espíritu. Se muere después de prolongada y dolorosa enfermedad. No solo tendrá dolores morales y físicos, sino que la desgracia también los alcanzará. Faraón, Nerón, Nabucodonosor, Herodes, Hitler, Trujillo, Mussolini, Duvalier, Sadán Husein y muchos más, que sembraron el terror durante sus vidas infames; pagaron muy caro su maldad. Sus hijos pagan su necedad. Dios no puede ser burlado, lo que el hombre sembrare, eso también segará.

Versos 22-26: "¿Enseñará alguien a Dios sabiduría, Juzgando él a los que están elevados? Este morirá en el vigor de su hermosura, todo quieto y pacífico. Sus vasijas estarán llenas de leche, Y sus huesos serán regados de tuétano. Y este otro morirá en amargura de ánimo, Y sin haber comido jamás con gusto. Igualmente yacerán ellos en el polvo, Y gusanos le cubrirán."

Unos mueren en el vigor de la juventud, cortados por la mano divina, sin violencia ni enfermedad, por accidentes terribles que no esperaban. Sus cuerpos jóvenes, saludables y llenos de honores, como Diana y Kennedy Jr. Otros por enfermedades terribles que no esperaban, como el Sida, el cáncer y la droga. Herodes murió comido de gusanos, lo mismo que Antíoco Epífanes, el terrible enemigo de los judíos.

Versos 27-34: "He aquí, yo conozco vuestros pensamientos, Y las imaginaciones que contra mí forjáis. Porque decís: ¿Qué hay del príncipe, Y qué de la tienda de las moradas de los impíos? ¿No habéis preguntado a los que pasan por los caminos, Y no habéis conocido su respuesta, Que el malo es preservado en el día de la destrucción? Guardado será en el día de la ira.

¿Quién le denunciará en su cara su camino? Y de lo que hizo, ¿quién le dará el pago? Porque será llevado a los sepulcros, Y sobre su túmulo estarán velando. Los terrones del valle le serán dulces; Tras de él será llevado todo hombre, Y antes de él han ido innumerables. ¿Cómo, pues, me consoláis en vano, Viniendo a parar vuestras respuestas en falacia?"

¡Cuántos honores le hicieron en Italia al infame Al Capone, el famoso gánster del siglo pasado! Todavía hay gente en Colombia que le prende velas al altar de Pablo Escobar. ¡Con cuánta pompa han llevado a enterrar a los más crueles y perversos seres humanos, que han actuado peor que bestias salvajes!

El Señor habló del estado del rico en la historia de Lázaro. (Esta no es una parábola. La parábola es algo imaginario, pero la historia tiene nombres de personas, o lugares). Él fue enterrado con muchos honores. Hasta el sumo sacerdote ofició en su ceremonia fúnebre. Mientras tanto el cuerpo de Lázaro el mendigo, tal vez yacía en el campo, y era devorado por los buitres; el ejército de sanidad del Señor.

En el reino espiritual, el espíritu de Lázaro estaba en el Paraíso, en el Seno de Abraham, mientras que el rico estaba en el infierno. Desde allí veía a Lázaro en el Paraíso y rogaba. ¡Tenía ojos, y boca; sentía el fuego quemándole, y la sed terrible! ¿No había quedado el cuerpo en la tumba siendo devorado por los gusanos? ¿Por qué ahora tiene un cuerpo que siente, habla y ve?

El hombre es trino. Lo que quedó en la tumba fue el cuerpo, la casa donde el rico y Lázaro vivían; pero el hombre real, el espíritu eterno, con su alma; su capacidad de razonar, estaban conscientes de lo que estaba sucediendo. El cuerpo físico es sólo la réplica del hombre real. Note que nadie dice que se ve bien en un retrato. El problema es que el espíritu es más bonito que el cuerpo. Lo que vemos acerca de nosotros mismos es el espíritu. Entonces el cuerpo nos traiciona: Se enferma, se debilita, se arruga, no nos sostiene, y muchas veces nos aprisiona.

Así que el hombre aquí dobla rodilla ante el rico y el poderoso; pero Dios, que conoce los corazones, le da a cada cual el pago merecido.

CAPÍTULO # 22
¿Necesitará Dios del hombre?

Versos 1-4: "Respondió Elifaz temanita, y dijo: ¿Traerá el hombre provecho a Dios? Al contrario, para sí mismo es provecho el hombre sabio. ¿Tiene contentamiento el Omnipotente en que tú seas justificado, O provecho de que tú hagas perfectos tus caminos? ¿Acaso te castiga, O viene a juicio contigo, a causa de tu piedad?

El hombre perdido no trae provecho a Dios, porque el diablo es quien recibe la honra por sus obras. El creyente sí trae provecho a Dios porque trabaja para engrandecer su reino. Dios tiene contentamiento con la justificación del hombre; porque para eso vino Cristo.

Versos 5-11: "Por cierto tu malicia es grande, Y tus maldades no tienen fin. Porque sacaste prenda a tus hermanos sin causa, Y despojaste de sus ropas a los desnudos. No diste de beber agua al cansado, Y detuviste el pan al hambriento. Pero el hombre pudiente tuvo la tierra, Y habitó en ella el distinguido. A las viudas enviaste vacías, Y los brazos de los huérfanos fueron quebrados. Por tanto, hay lazos alrededor de ti, Y te turba espanto repentino; O tinieblas para que no veas, Y abundancia de agua te cubre."

Ya Elifaz no pone paños tibios a Job. Aquí lo acusa de maldad. El problema era que todo aquello de que le acusaba era mentira. ¿Debe haber un motivo para que el creyente sufra? No necesariamente su sufrimiento viene como castigo por sus pecados. Viene como prueba a su fe; más de todos ellos lo libra el Señor.

¿Castigará la madre a su bebé por hacer sus necesidades biológicas fuera del pañal? Como ese bebé es el creyente que peca. Es un infante espiritual. El creyente maduro, que ha sido alimentado en la Palabra, puede que cometa algún pecado pequeño, pero enseguida lo reconoce, se aparta, lo confiesa a Cristo y pide perdón. Él no quiere violar la ley del amor, ni el pacto; y quedar separado de Dios ni por un instante.

Versos 12-14: "¿No está Dios en la altura de los cielos? Mira lo encumbrado de las estrellas, cuán elevadas están. Y dirás tú: ¿Qué sabe Dios? ¿Cómo juzgará a través de la oscuridad? Las nubes le rodearon, y no ve, Y por el camino del cielo se pasea."

Herodes mató por miedo al juicio. El Faraón, por miedo a Dios, pero Dios no teme a nadie.

Elifaz dice que Dios habita en tinieblas y en las alturas de los cielos, porque en la dispensación de la Ley, el hombre no tenía acceso a él a menos que no fuera por medio de sacrificios, sacerdocios, ángeles, y visitas especiales. En la dispensación de la Gracia, el creyente vive en su presencia, en el reino de la luz admirable, el reino del Amado.

Cuando Cristo murió en la cruz del Calvario por nosotros, el velo del Templo se rasgó de arriba abajo, dejando al descubierto el Lugar Santísimo. Así también, el velo que separaba a Dios del hombre, fue desgarrado, y hoy hay comunión entre ambos. Hoy el Dios trino habita con el creyente y en el creyente.

Juan 14:23, dice: "El que me ama, mi palabra guardará; y mi padre le amará, y vendremos a él y haremos morada con él." El creyente que cree que todavía Dios está en las alturas de los cielos, no está consciente del Dios interno.

El desconoce Juan 14: 16-17: "Y yo rogaré al Padre, y os dará otro Consolador, para que esté con vosotros para siempre: el Espíritu de verdad, al cual el mundo no puede recibir, porque no le conoce; pero vosotros le conocéis, porque mora con vosotros, y está en vosotros." Y el verso 20 dice: En aquel día vosotros conoceréis que yo estoy en mi Padre, y vosotros en mí, y yo en vosotros."

¡Qué maravillosa y vital seguridad para el creyente! Ya no está solo; no es un religioso más comiendo migajas, sino un hijo sentado en las rodillas de su Padre, quien vela, sostiene, y cuida de él. El creyente bebé desconoce estas grandes verdades; por eso cree que puede jugar a escondidas con el Padre.

Versos 15-20: "¿Quieres tú seguir la senda antigua Que pisaron los hombres perversos, Los cuales fueron cortados antes de tiempo, Cuyo fundamento fue como un río derramado? Decían a Dios: Apártate de nosotros. ¿Y qué les había hecho el Omnipotente? Le había colmado de bienes sus casas, Pero sea el consejo de ellos lejos de mí. Verán los justos y se gozarán; Y el inocente los escarnecerá, diciendo: Fueron destruidos nuestros adversarios, Y el fuego consumió lo que de ellos quedó."

Elifaz pregunta a Job, y le advierte acerca de seguir el camino de los malos. Nos parece estar mirando el gozo que hay en una nación cuando un dictador opresor del pueblo, es destruido. Aun los niños danzan en las calles.

Naturalmente Elifaz juzga a Job sin conocer los verdaderos motivos de sus desgracias. Así nosotros muchas veces juzgamos lo que no entendemos.

Versos 21-22: "Vuelve ahora en amistad con él, y tendrás paz; Y por ello te vendrá bien. Toma ahora la ley de su boca. Y pon sus palabras en tu corazón."

En aquellos tiempos no existía la Biblia, la Palabra escrita. La Palabras existía solo de labio a oído, trasmitida de padres a hijos. Así era preservado el conocimiento del Dios de Abraham, de Isaac y de Jacob. Cada altar y cada sacrificio que hacían los patriarcas, era la Palabra vivida; que se gravaba en la mente y el corazón de las generaciones siguientes; y esto preservaba la línea justa por donde vendría el Salvador miles de años más tarde. Recuerde que este es el año 1520 AC. Moisés fue llamado en el año 1491 AC, 29 años después.

Versos 23-30: "Si te volvieres al Omnipotente, serás edificado; Alejarás de tu tienda la aflicción; Tendrás más oro que tierra, Y como piedras de arroyos oro de Ofir; El Todopoderoso será tu defensa, Y tendrás plata en abundancia. Porque entonces te deleitarás en el Omnipotente, Y alzarás tu rostro.

Orarás a él, y él te oirá; Y tú pagarás tus votos. Determinarás asimismo una cosa, y te será firme, Y sobre tus caminos resplandecerá luz. Cuando fueren abatidos, dirás tú: Enaltecimiento habrá; Y Dios salvará al humilde de ojos, El libertará al inocente, Y por la limpieza de tus manos éste será librado."

Aquí está profetizada la prosperidad, la edificación y la protección del creyente. También la efectividad de la oración, y la comunicación entre el creyente y Dios. Cuando viene la prueba, dice: "Esto también pasará, porque Dios es mi Padre, y él está en control."

Dios aborrece a los de ojos altivos, pero da gracia a los humildes.

CAPITULO # 23
¿Dónde está Dios?

Versos 1-5: "Respondió Job, y dijo: Hoy también hablaré con amargura; Porque es más grave mi llaga que mi gemido. ¡Quién me diera el saber dónde hallar a Dios! Yo iría hasta su silla. Expondría mi causa delante de él, Y llenaría mi boca de argumentos. Yo sabría lo que él me respondiese, Y entendería lo que me dijera:"

Job dice que su dolor es más grande que sus quejas. El quisiera encontrar el lugar donde Dios vive para quejarse ante él. El creyente sabe dónde vive Dios. Cantares 1:-7-8: le da la respuesta Job.

"Hazme saber, oh tú a quien ama mi alma, Dónde apacientas dónde sesteas al mediodía; Pues, ¿por qué había yo de estar errante Junto a los rebaños de tus compañeros? Si tú no lo sabes, oh hermosa entre las mujeres, Ve, sigue las huellas del rebaño, Y apacienta tus cabritas junto a las cabañas de los pastores."

Dios vive en la congregación de los santos. Pero en el tiempo de Job, no había Templo. Dios sólo se podía encontrar en el altar de los sacrificios que ellos hacían al Altísimo, reafirmando el pacto de Abraham, y continuando la tradición familiar. Pero Job no tenía deseos de levantar altar a alguien que él pensaba era su enemigo ahora.

Versos 6-11: "¿Contendería conmigo con grande fuerza? No; antes él me atendería. Allí el justo razonaría con él; Y yo escaparía para siempre de mi juez. He aquí yo iré al oriente, y no lo hallaré; Y al occidente, y no lo percibiré; Si muestra su poder al norte, yo no lo veré; Al sur se esconderá y no lo veré. Mas él conoce mi camino; Me probará, y saldré como oro. Mis pies han seguido sus pisadas; Guardé su camino, y no me aparté."

Esta es la queja de Job. "No hay entre nosotros árbitro; no hay Mediador. Yo solo no le puedo encontrar."

En 1 Pedro 1:6-7 "Si es necesario, tengáis que ser afligidos en diversas pruebas, para que sometida a prueba vuestra fe, mucho más preciosa que el oro, el cual aunque perecedero se prueba con fuego, sea hallada en alabanza, gloria y honra cuando sea manifestado Jesucristo…"

En estos versos Job parece que tiene la intuición de que lo que le está pasando es un prueba y que al fin saldrá como el oro.

Versos 12: "Del mandamientos de sus labios, nunca me separé; Guardé las palabras de su boca más que mi comida."

Job se justifica a sí mismo, de que ha seguido las instrucciones que Dios le había dado. Es seguro que Job había tenido una comunión íntima con el Señor. Tal vez había visto una Cristofanía, como Abraham. Cristo se ha paseado por los siglos antes de su venida a redimir al hombre. "A Dios nadie le vio jamás" Juan 1:18; Así que el que hablaba con los profetas era la Segunda Persona de la Santísima Trinidad.

Jeremías 15:16 dice: "Fueron halladas tus palabras, y yo las comí; y tu palabra me fue por gozo y por alegría de mi corazón…" Ezequiel 3:3 dice: "Hijo de Hombre, alimenta tu vientre, y llena tus entrañas de este rollo que yo te doy. Y lo comí y fue en mi boca dulce como la miel."

También Apocalipsis. 9 dice que el ángel le dio a comer un libro a Juan. Esto es muy sugestivo para nosotros. Antes de predicar, debemos comernos el Libro, para que de la abundancia de Palabra en nuestro corazón, hable nuestra boca.

Versos 13-16: "Pero si él determina una cosa, ¿quién le hará cambiar? Su alma deseó, e hizo. El, pues, acabará lo que ha determinado de mí; Y muchas cosas como estas hay en él. Por lo cual yo me espanto en su presencia; Cuando lo considero, tiemblo a causa de él. Dios ha enervado mi corazón, Y me ha turbado el Omnipotente. ¿Por qué no fui yo cortado delante de las tinieblas, Ni fue cubierto con oscuridad mi rostro?"

El Señor cumplirá el plan que tiene para nuestra vida. Él nos dirigirá, y nos conducirá hasta que llevemos a cabo la obra que él ha preparado para nosotros. ¿Y qué de los perdidos? ¿Tendrá él propósitos para ellos? El aceptar a Cristo es algo voluntario. La salvación debe ser ofrecida a cada ser humano por la iglesia. El que voluntariamente acepta, y entra en el pacto en la sangre de Cristo, es señalado para cumplir el plan de Dios; su pacto con su viejo amo queda roto.

El que lo rechaza, queda fuera de los planes divinos, porque legalmente pertenece a otro amo, y está bajo otro pacto. Él puede, en cualquier momento decidirse por Cristo, y entonces toda conexión con su antiguo amo queda roto. Nunca se pierde el tiempo hablando a las almas. El que no quiere aceptar, al menos tiene la semilla sembrada, que dará fruto a su tiempo.

Rom. 10: 13-14 dice: "Porque todo aquel que invocare el nombre del Señor será salvo. ¿Cómo, pues, invocarán a aquel en el cual no han creído? ¿Y cómo creerán en aquel de quien no han oído? ¿Y cómo oirán sin haber quien les predique?"

¿Se da cuenta, creyente, que el Señor le ha enviado a sembrar la semilla del evangelio, no a cosechar? Otro cosechará lo que usted haya sembrado; y todos trabajaremos para la gloria de Dios.

CAPÍTULO # 24
Indiferencia ante la maldad

Versos 1-5: "Puesto que no son ocultos los tiempos al Todopoderoso, ¿Por qué los que le conocen no ven sus días? Traspasan los linderos, Roban los ganados, y los apacientan, Se llevan el asno de los huérfanos, Y toman en prenda el buey de la viuda. Hacen apartar del camino a los menesterosos, Y todos los pobres de la tierra se esconden. He aquí, como asnos monteses en el desierto, Salen a su obra madrugando para robar; El desierto es mantenimiento de sus hijos."

Podemos preguntar a Dios, pero no pelear con él. Aparentemente Dios es indiferente a la maldad de los perversos. Jeremías se preguntaba lo mismo en Jer.12:1-2: "Justo eres tú, oh Jehová, para que yo dispute contigo, sin embargo, alegaré mi causa ante ti. ¿Por qué es prosperado el camino de los impíos, y tienen bien todos los que se portan deslealmente? Los plantaste, echaron raíces; crecieron y dieron fruto; cercano estás tú de sus bocas, pero lejos de sus corazones."

Los perversos no eran sólo los de los tiempos de Job, sino que en todos los tiempos ha habido y habrán ladrones, engañadores, violadores de propiedad, Dictadores, etc. Algún día Dios los quitará de la tierra, y ellos irán al hogar de su padre el diablo.

Así como Dios recoge en su granero a los santos, uno a uno; así los perdidos son llevados uno a uno como pajas que se lleva el viento.

Versos 6-12: "En el campo siegan su pasto, Y los impíos vendimian la viña ajena. Al desnudo hacen dormir sin ropa, Sin tener cobertura contra el frío. Con las lluvias de los montes se mojan, Y abrazan las peñas por falta de abrigo. Quitan el pecho a los huérfanos, Y de sobre el pobre toman la prenda. Al desnudo hacen andar sin vestido, Y a los hambrientos quitan las gavillas. Dentro de sus paredes exprimen el aceite, Pisan los lagares, y mueren de sed. Desde la ciudad gimen los moribundos, Y claman las almas de los heridos de muerte, Pero Dios no atiende su oración."

Aquí está registrada la usura, la falta de misericordia, la explotación del trabajador, los salarios de hambre, el sufrimiento de los refugiados y de los que no tienen hogar. En Afganistán, muchas familias no tienen abrigo contra el frío del invierno. En África, en las guerras, se mata la madre, y el niño de pecho es dejado sin alimento.

En los países más civilizados, el hombre explota al trabajador, y millones mueren por falta de atención médica y medicinas. ¿Por qué Dios no hace nada por ellos? Más bien parece indiferente a su dolor.

Dios no está indiferente al clamor de dolor de sus criaturas. El problema es que ellos pertenecen legalmente a otro dueño, por causa de la traición de Adán. Dios quiere ayudarlos, para eso envió a su Hijo a morir en la cruz, para que el hombre, voluntariamente, acepte el Sacrificio de Cristo en su favor, y entre en un nuevo pacto en su sangre,

Entonces Dios tendrá derecho legal de engendrarlo como hijo suyo, protegerlo, y darle lugar de hijo en presencia. Dios solo actúa por medio de pactos. El hombre perdido necesita entrar en el pacto con Dios. La Iglesia tiene la sagrada encomienda de llevar el mensaje de la reconciliación.

¿Cuál es el mensaje? "Que Dios estaba en Cristo reconciliando consigo al mundo, no tomándoles en cuenta a los hombres sus pecados, y nos encargó a nosotros la palabra de la reconciliación. Así que, somos embajadores en nombre de Cristo, como si Dios rogase por medio de nosotros; os rogamos en Nombre de Cristo: Reconciliaos con Dios." (2 Corintios. 5:19-20.)

Note que no es el mensaje de la condenación.

Versos 13-17: "Ellos son los que, rebeldes a la luz, Nunca conocieron sus caminos, Ni estuvieron en sus veredas. A la luz se levanta el matador; mata al pobre y al necesitado, Y de noche es como ladón. El ojo del adúltero está aguardando la noche, Diciendo: No me verá nadie; y esconde su rostro. En las tinieblas minan las casas, Que de día señalaron; No conocen la luz. Porque la mañana es para todos ellos como sombra de muerte; Si son conocidos, terrores de sombra de muerte los toman."

Aquí se registran tres clases de pecados. 1: Rebeldía al evangelio. Este es un pecado terrible porque es contra el remedio que los sanaría de su triste condición de esclavitud al diablo.

2: Asesinato: Quitar la vida a una persona que Dios creó. ¿Quién le ha dado permiso para hacerlo? Aún la caza por deporte es una forma de asesinato. ¿Con qué derecho matan criaturas que tienen más derecho a vivir en esta tierra, ya que fueron creadas antes que el hombre?

De esto hay mucho que hablar. Dios tiene el reino animal controlado. El viejo y débil sirve de alimento a los fuertes. Dios le señalado su lugar a las especies. Él ha decretado que teman al hombre, y que algunas especies le sirvan de alimento. Pero al hombre, le ha mandado a cuidar a sus bestias. Proverbios 12:10 dice que justo cuida el alma de su bestia.

3: Adulterio. Este, como todo pecado, avergüenza al que lo comete; por eso busca la oscuridad. El adulterio es un pecado que esclaviza, porque es una violación al pacto matrimonial. Es muy difícil salir de él, aunque el adúltero siempre está bajo sentencia de muerte por los celos del ofendido. Todos los pecados producen vergüenza y miedo.

Versos 18-20: "Huyen ligeros como corrientes de aguas; Su porción es maldita en la tierra; No andarán por el camino de las viñas. La sequía y el calor arrebatan las aguas de la nieve; Así también el Seol a los pecadores. Los olvidará el seno materno; de ellos sentirán los gusanos dulzura; Nunca más habrá de ellos memoria, Y como árbol los impíos serán quebrantados."

El pecador siempre vivirá escondiéndose, lleno de espantos. El ladrón roba porque no desea trabajar. El adúltero es esclavo de sus sentidos. Los sentidos no se someten a la Palabra de Dios porque no pueden. (Rom. 8:5-8) Aquí está la diferencia del creyente y el incrédulo. El creyente cree sin necesidad de usar su sentido de la vista. El incrédulo debe usar su sentido de la vista para después creer.

El incrédulo puede decir que cree en Dios, pero no puede hacer lo que Dios ordena. El creyente no sólo cree en Dios, sino que también le cree a Dios, o a su Palabra.

El creyente no necesita sentir a Dios para creer que vive en él. El incrédulo siempre está buscando satisfacer sus sentidos. De los impíos no habrá memoria; el mundo estará alegre de librarse de ellos.

Versos 21-25: "A la mujer estéril, que no concebía, afligió, Y a la viuda nunca hizo bien. Pero a los fuertes adelantó con su poder; Una vez que se levante, ninguno está seguro de la vida. Él les da seguridad y confianza; Sus ojos están sobre todos los camino de ellos. Fueron exaltados un poco, mas desaparecen, Y son abatidos como todos los demás. Serán encerrados, y cortados como cabezas de espigas. Y si no, ¿quién me desmentirá ahora, O reducirá a nada mis palabras?"

Estos versos dan con lujo de detalles las maldades de los mafiosos y lo políticos malvados. Antes controlaban el alcohol, los juegos, la prostitución y la protección. Hoy, además de esto controlan el tráfico de drogas, y las gangas. En todas las ciudades, de todos los países, estas plagas humanas están presentes, sembrando el terror. Nadie está seguro.

Es cierto que muchos son encerrados en prisiones, pero la mayoría compra los jueces, los fiscales y los abogados. Es triste darse cuenta que cada hombre tiene un precio. El único que no vende su primogenitura por un plato de lentejas es el creyente maduro, establecido en la Palabra.

¿Quiere plaga más infame que las gangas o pandillas y las drogas de las cuales forman parte 70 mil jóvenes, solo en Centro América? Las gangas están tratando de controlar todas las ciudades de todos los países del globo. Las gangas han existido siempre, lo vemos en Proverbios 1:10-18. Esto fue escrito por Salomón hace tres mil años. Job dice que ya existían; hace tres mil quinientos veinte años.

CAPÍTULO # 25

Versos 1-6: "Respondió Bildad suhita, y dijo: El señorío y el temor están con él; El hace paz en las alturas. ¿Tienen los ejércitos número? ¿Sobre quién no está su luz? ¿Cómo, pues, se justificará el hombre para con Dios? ¿Y cómo será limpio el que nace de mujer? He aquí que ni aun la luna será resplandeciente, Ni las estrellas son limpias delante de sus ojos; ¿Cuánto menos el hombre, que es gusano, Y el hijo del hombre, también gusano?"

Los ejércitos del Señor no tienen número. Además de los ejércitos de ángeles, querubines y serafines, tiene ejércitos de estrellas, ejército de evangelizantes, Salmo 68:11. Ejércitos de sanidad, como las moscas y los buitres. Ejércitos de insectos, como la oruga, el saltón, el revoltón y la langosta; como dice Joel 2:25. No podemos enumerarlos a todos, porque no conocemos el mundo microscópico.

Hebreos 9:23, revela que la creación entera fue manchada por el pecado de Adán. No solo la tierra, sino hasta la última estrella tuvo que ser limpiada por la sangre de Cristo. Si la creación entera fue manchada, ¿Cuánto más el hombre? Al decir que el hombre es gusano; se refiere a que es un hijo espiritual de la serpiente antigua.

Al decir que el hijo del hombre es gusano también, parece referirse a la identificación del Hijo del hombre, Jesús, con la naturaleza espiritual del hombre caído en la crucifixión y durante los tres días y tres noches que estuvo en el vientre de la tierra, cuando actuó como Sustituto nuestro.

CAPITULO # 26
La ley de gravedad

Versos 1-4: "Respondió Job, y dijo: ¿En qué ayudaste al que no tiene poder? ¿Cómo has amparado al brazo sin fuerza? ¿En qué aconsejaste al que no tiene ciencia, Y qué plenitud de inteligencia has dado a conocer? ¿A quién has anunciado tus palabras, y de quién es el espíritu que de ti procede?"

En estos versos Job le hace varias preguntas a Bildad suhita. Le pregunta si ha ayudado al débil; si ha aconsejado al que no tiene conocimiento. Y al fin le pregunta qué clase de espíritu es el suyo.

Versos 5-6: "Las sombras tiemblan en lo profundo, Los mares y cuanto en ellos mora. El Seol está descubierto delante de él, y el Abadón no tiene cobertura. El extiende al norte el vacío, Cuelga la tierra sobre la nada."

Las sombras, parece referirse a las almas de los muertos en el infierno. "Sombras" en hebreo es "MANES", y significa, "almas". El Seol aquí es "Queber", o sepulcro, y el Abadón es el infierno. El infierno es la cárcel municipal de Dios. Las almas que están en él, serán lanzadas al Lago de Fuego, la cárcel federal.

Verso 7: "El extiende al norte el vacío, Cuelga la tierra sobre la nada."

Hace tres mil quinientos veinte años, Dios reveló la ley de gravedad. Isaac Newton la "descubrió en el año 1665 DC, esto es tres mil ciento ochenta y cinco años más tarde, o hace 343 años.

Es la ley de gravedad la que hace que quedemos en la superficie de la tierra, y que no volemos por el aire. Cada persona sostiene sobre sus hombros más de dos mil libras.

Verso 8: "Ata las aguas en sus nubes, Y estas no se rompen debajo de ellas."

En Génesis 1:6-9, dice: "Luego dijo Dios: Haya expansión en medio de las aguas, y separe las aguas de las aguas. E hizo Dios la expansión, y separó las aguas que estaban debajo de la expansión, de las aguas que estaban sobre la expansión. Y llamó Dios a la expansión Cielos."

Las aguas que están sobre la expansión se llaman nubes. Hay diversidad de ellas. Los grandes ríos pasean sobre nuestras cabezas antes de ser derramados en las montañas en forma de lluvia, nieve y rocío.

Eclesiastés 1:7 dice: Los ríos todos van al mar, y el mar no se llena; al lugar de donde los ríos vinieron, allí vuelven para correr de nuevo.

Amós 5:8, dice: Buscad al que hace las Pléyades y el Orión, y vuelve las tinieblas en mañana, y hace oscurecer el día como la noche: el que llama las aguas del mar, y las derrama sobre la faz de la tierra; Jehová es su nombre."

Esta es la ley de la evaporación. También Dios tiene depósitos de aguas en la estratósfera, en forma de enormes témpanos de hielo, que pasean por allá.

Versos 9-10: "El encubre la faz de su trono, Y sobre él extiende su nube. Puso límite a la superficie de las aguas, hasta el fin de la luz y las tinieblas."

En el Salmo 104:5-9, leemos: El fundó la tierra sobre sus cimientos; No será jamás removida. Con el abismo, como con vestido la cubriste; Sobre los montes estaban las aguas. A tu represión huyeron. Al sonido de tu trueno se apresuraron; Subieron los montes, descendieron los valles, Al lugar que tú le fundaste, le pusiste término, el cual no traspasarán, ni volverán a cubrir la tierra."

En el capítulo 38 de este libro vemos que le puso puerta y cerrojo al mar.

Versos 11.12: "Las columnas del cielo tiemblan, Y se espantan a su represión. El agita el mar con su poder, Y con su entendimiento hiere la arrogancia suya."

Las columnas de los cielos son los tornados, o torbellinos. El abrió el mar para que pasaran los Israelitas. Las tempestades y los ciclones se forman en el mar. El Niño se forma en el Océano Pacífico, y sus vientos van hacia el Este. La Niña se forma en el Océano Atlántico, y sus vientos van hacia el Oeste.

Versos 13-14: "Su espíritu adornó los cielos; Su mano creó la serpiente tortuosa He aquí, estas cosas son sólo los bordes de sus caminos; ¡Y cuán leve es el susurro que hemos oído de él! Pero el trueno de su poder, ¿quién lo puede comprender?"

Dios adornó el universo con estrellas, soles, planetas y constelaciones. Una de las constelaciones se llama La Vía Láctea". Casi al centro está nuestro sistema solar. Hay más de cien mil galaxias. La Vía Láctea contiene miles de soles mucho más grandes que nuestro sol. Uno de ellos se llama "Sirius".

Aquí Job menciona la constelación "Alpha Dragonis.", y da a entender que estas constelaciones son sólo el borde del camino al tercer cielo. También dice que fue Dios quien creó la serpiente tortuosa, el diablo.

"Los cielos cuentan la gloria de Dios, y el firmamento denuncia la obra de sus manos", dice el Salmo 19. Es muy leve al susurro que hemos oído de él. Los profetas, maestros, pastores, y predicadores, nos han hablado de Dios, pero sus conocimientos han sido muy limitados. Sólo podemos ver la gloria de Dios en la faz de Jesucristo.

2 Cor.4:6 dice: *"Porque Dios, que mandó que de las tinieblas resplandeciese la luz, es el que resplandeció en nuestros corazones, para iluminación del conocimiento de la gloria de Dios en la faz de Jesucristo."*

Nadie puede entender la voz de los truenos. Lo único que sabemos es que a veces Dios habló por medio de ellos. Estudie Juan 12:29, Salmo 81:7, y Apocalipsis 10.4.

CAPITULO # 27
Nadie se justifica por obras

Versos 1-6: "Reasumió Job su discurso, y dijo: Vive Dios que ha quitado mi derecho, Y el Omnipotente, que amargó el alma mía, Que todo el tiempo que mi alma esté en mí, Y haya hálito de Dios en mis narices, Mis labios no hablarán iniquidad, Ni mi lengua pronunciará engaño. Nunca tal acontezca que yo os justifique; Hasta que muera, no quitaré mi integridad. Mi justicia tengo asida, y no la cederé; No me reprochará mi corazón en todos mis días."

Job dice que Dios le quitó su autoridad. En estos versos recordamos Habacuk 3:17-18:

"Aunque la higuera no florezca, Ni en las vides haya frutos, Aunque falte el producto del olivo, Y los labrados no den mantenimiento, Y las ovejas sean quitadas de la majada, Y no haya vacas en los corrales; Con todo, yo me alegraré, Y me gozaré en el Dios de mi salvación."

Sin embargo Job se justifica por sus obras, y por lo claro de su consciencia. Él dice: "Mi justica tengo agarrada." Así piensa mayoría de la gente. Ellos piensan que haciendo buenas obras, y no haciendo lo malo, tienen derecho al cielo. El problema es que al cielo no se va por buena conducta o buenas obras; "no es por obras, para que nadie se gloríe." Efe. 2:8.

La única Obra que Dios acepta es la de Jesucristo en la cruz. Esa es la única obra que permite que el hombre entre en el Nuevo Pacto, y pueda volverse un hijo de Dios. Las buenas obras y la buena conducta del hombre perdido, son obras de reos espirituales, en pacto y herencia de Adán, en pacto con el diablo.

Versos 7-10: "Sea el impío mi enemigo, Y el inicuo mi adversario. Porque, ¿cuál es la esperanza del impío, por mucho que hubiere robado, cuando Dios le quitare la vida? ¿Oirá Dios su clamor Cuando la tribulación viniere sobre él? ¿Se deleitará en el Omnipotente? ¿Invocará a Dios en todo tiempo?"

Dios le quita la vida al impío para que no haga más daño con su presencia al mundo. El peor dolor de los que están en el infierno es el haber tenido la oportunidad de no haber tenido que ir allí, y la despreciaron. El único que invoca a Dios todo el tiempo, y Dios le oye es el creyente fiel, que vive en comunión con él.

El creyente tiene relación con Dios de hijo, pero debe tener comunión con él como Padre. Una cosa es tener relación de hijo, y otra es tener comunión como hijo. Relación es la que tiene un hijo que nunca visita a su padre. Comunión es la que tiene un hijo que siempre visita a su padre.

Efesios 2:1-3 habla de la condición del impío. *"Y él os dio vida a vosotros, cuando estabais muertos en vuestros delitos y pecados, en los cuales anduvisteis en otro tiempo, siguiendo la corriente de este mundo, conforme al príncipe de la potestad del aire, el espíritu que ahora opera en los hijos de desobediencia, entre los cuales también todos nosotros vivimos en otro tiempo en los deseos de nuestra carne, haciendo la voluntad de la carne y de los pensamientos, y éramos hijos de la ira lo mismo que los demás."*

Primero; estábamos muertos espiritualmente. Hacíamos las cosas que hacen los perdidos, porque este era el resultado de nuestra condición espiritual. Segundo: Seguíamos la corriente del mundo, que está dirigida y controlada por Satanás, el príncipe de la potestad del aire. Tercero: Nos dejábamos guiar por lo que nos revelaban los sentidos de la carne, No conocíamos el mundo espiritual, a pesar de ser seres espirituales y eternos. Cuarto: Éramos hijos de la ira.

Efesios 2: 12 Va un paso más en la descripción del impío; y nos dice: "En aquel tiempo estabais sin Cristo, alejados de la ciudadanía de Israel y ajenos a los pactos de la promesa, sin esperanza y sin Dios en el mundo."

No teníamos derecho a reclamar promesas a Dios; porque no éramos israelitas, los cuales son beneficiarios del pacto de Abraham con Dios: (Génesis 15.) Así que estábamos sin Dios y sin esperanza en un mundo controlado por el diablo.

¿Quiere Dios salvar a los perdidos? ¡SI; pero no puede! El sólo trata con el hombre por medio de pactos. Usted ve: El hombre es un hijo legal del diablo. Dios no puede arbitrariamente quitarle un hijo al diablo. Esto violaría la justicia de su Trono.

Por esta causa fue que Dios nos dio el Plan de Redención; el cual hace posible que el hombre voluntariamente escoja someterse al Señorío de Cristo, entrando en el Pacto en su Sangre, y así se deshace legalmente de su antiguo amo. El trabajo del creyente es el de llevarle la buena noticia a los hombres perdidos. El trabajo del pastor, es el de alimentar esa nueva criatura con la leche de la Palabra. Luego el trabajo del creyente es de comer la carne de la Palabra para estar listo para el llamado que Dios tenga para él.

Versos 11-12: "Yo os enseñaré en cuanto a la mano de Dios; No esconderé lo que hay para con el Omnipotente. He aquí que todos vosotros lo habéis visto; ¿Por qué, pues, os habéis hecho tan enteramente vanos?"

Aquí Job dice que el enseñará a sus amigos la potencia de Dios. El creyente está pendiente de su mano. Entonces les acusa de haber visto las obras de Dios, y de no haber aprendido nada de ellas.

Versos 13-15: "Esta es para con Dios la porción del hombre impío, Y la herencia que los violentos han de recibir del Omnipotente: Si sus hijos fueren multiplicados, serán para la espada; Y sus pequeños no se saciarán de pan. Los que de él quedaren, en la muerte serán sepultados, Y no los llorarán sus viudas.

Este es el contraste entre el creyente y el impío. Los hijos del creyente son bendecidos desde el vientre. (Deuteronomio 28:4, Salmo. 127:3). Los hijos de los impíos son maldecidos desde el vientre. (Oseas 9:16, Deuteronomio. 28:18). Sólo sirven para que los maten en la guerra.

Versos 16-19: "Aunque amontone plata como polvo, Y prepare ropa como lodo; La habrá preparado él, más el justo se vestirá, Y el inocente repartirá la plata. Edificó su casa como la polilla, Y como enramada que hizo el guarda. Rico se acuesta, pero por última vez: Abrirá sus ojos, y nada tendrá."

¡Cuán cierto es esto! Este es el triste fin de los que confían en las riquezas. Prov. 23:5 dice: "¿Has de poner tus ojos en las riquezas, siendo ningunas? Porque se harán alas Como alas de águila, y volarán al cielo."

El creyente no debe ser codicioso, ni tener envidia de los que tienen riquezas, porque "Todo es nuestro." Usted ve: Nosotros vivimos por la eternidad. Todas las riquezas del universo están guardadas para nosotros. (1Cor. 3:21-23).

El rico no piensa en Dios, porque tiene su corazón en las riquezas. Él es como el camello, que debe guardar el agua en la jiba para que la saque el que lo monta. El problema es que para sacarla, debe matar al camello. Así también, los herederos muchas veces tienen que enviar del mundo al rico antes de su tiempo.

Por otra parte, si tiene sus riquezas invertidas en la bolsa de valores, y esta se desfonda, queda en la pobreza en un abrir y cerrar de ojos. El rico sabio tiene sus riquezas invertidas en oro; sin embargo, cuando se muere tiene que dejarlo, porque "De Jehová es la tierra y su plenitud, el mundo y los que en él habitan." Dice el Salmo 24. Nadie se puede llevar el oro al otro mundo.

Versos 20-23: "Se apoderarán de él terrores como aguas; Torbellino lo arrebatará de noche, Le eleva el solano, y se va; Y tempestad lo arrebatará de su lugar. Dios, pues, descargará sobre él. Y no perdonará; Hará él por huir de su mano. Batirán las manos sobre él, Y desde su lugar le silbarán."

¿Para qué quiere uno riquezas que no vienen de Dios? Al rico lo atormentan los terrores. Su vida transcurre entre tornados y tempestades. Problemas de familiares, de socios, hipocresía de amigos, golpes de estado a sus empresas. Habrá fiesta cuando él muera; los herederos aplaudirán en secreto. Sus amigos y compañeros aplaudirán cuando descienda al infierno, (Isaías 14:9).

La única riqueza que no añade tristeza con ella, es la que viene de la mano de Dios. Proverbios 10:22 dice: "La bendición de Jehová es la que enriquece, y no añade tristeza con ella."

CAPÍTULO # 28
La riqueza escondida en la creación

Versos 1-5: "Ciertamente la plata tiene sus veneros, Y el oro lugar donde se refina. El hierro se saca del polvo, Y de la piedra se funde el cobre. A las tinieblas ponen término, Y examinan todo a la perfección, Las piedras que hay en oscuridad, en sombra de muerte. Abren minas lejos de lo habitado, En lugares olvidados, donde el pie no pisa. Son suspendidos y balanceados, lejos de los demás hombres. De la tierra nace el pan, Y debajo de ella está como convertida en fuego."

Nos damos cuenta que el dinero sale de la tierra, lo mismo que el pan. No sólo la tierra es la mesa de Dios, sino que él también provee el modo de distribuirlo por medio de la ley de cambios.

Dios le ha dado al hombre conocimientos adecuados a su época. Hace más de 3500 años, Job declaró que el hierro se saca del polvo y el cobre de la piedra. Aquí está la profecía de la luz eléctrica, del telescopio y del microscopio. Él hablaba de las minas y de las cavernas de la tierra. El habla de la estación espacial en la estratósfera, donde los astronautas son suspendidos y balanceados lejos de los demás hombres.

De la tierra proviene todo nuestro alimento; pero lo más admirable es que cuando todos creían que la tierra era plana, que descasaba sobre un elefante, parado sobre una tortuga, hasta lo infinitamente pequeño, Dios declara que es una bola de fuego.

La tierra es el residuo de metales fundidos, y es comparada a la cáscara de un melocotón. La pulpa del melocotón sería el Magma, la roca derretida conocida como Lava. La semilla de este melocotón, llamado Tierra, está en el centro, que es hueco. Este lugar es conocido como el Infierno.

Así como la Santa Ciudad tiene doce puertas, y doce avenidas, (Apoc.21:12), el infierno tiene doce puertas de acceso. No sabemos dónde están todas, pero se cree que una de ellas se llama: "El Triángulo Del Diablo"; y está entre Puerto Rico, Miami y Bermuda. En el Pacífico también hay otro triángulo entre Guam, Japón y Filipinas.

Algunos creen que en las montañas de los Andes, en las Himalayas, y en otras grandes montañas hay otras puertas. Aunque nada de esto podamos probarlo científicamente.

Versos 6-8: "Lugar hay cuyas piedras son zafiros, Y sus polvos de oro. Senda que nunca la conoció ave, Ni ojo de buitre la vio; Nunca la pisaron animales fieros, Ni león pasó por ella."

¿En Dónde estará este maravilloso lugar? Más de mil seiscientos años más tarde, el Señor le revelaría a Juan la Santa Ciudad, la Nueva Jerusalén; con calles de oro, cercada de piedras preciosas. (Apoc.21).

En muchos lugares hay minas escondidas. La tierra contiene riquezas insospechadas, pero Dios las esconde de los hombres para que no pongan en ellas su esperanza.

¿Sabe usted que Dios controla el dinero de la tierra? Si hay demasiado, nadie quiere trabajar. Si nadie quiere trabajar, hay un desbalance en la sociedad. Se acaba el alimento y lo que suple las necesidades básicas. De modo que Dios está en control. ¡Qué poco sabe el hombre del control que tiene Dios sobre la tierra y el hombre!

Estos versos hablan de lugares tan secretos que ni el ojo del buitre, los ha visto. No han pasado por ellos animales fieros. ¿Dónde está ese lugar? Sólo Dios lo sabe.

El hombre descubre planetas; pero no descubre la mente de Dios. A pesar que los científicos han descubierto planetas, ha descubierto también que muchos están en proceso de enfriamiento; otros en proceso de calentamiento; y aún otros son masas de gases tóxicos.

Dios le ha dado al hombre la tierra; no le ha dado permiso para habitar en otros planetas. En Hechos 17:26 dice: *"Y de una sangre ha hecho todo el linaje de los hombres, para que habiten sobre la faz de la tierra; y les ha prefijado el orden de los tiempos, y los límites de su habitación, para que busquen a Dios..."*

Todo lo que Dios ha creado en esta tierra está conectado. Si una especie desaparece, quedan otras sin control. El sistema ecológico se trastorna, y trae catástrofes a humanos y a los animales.

Versos 9-12: "En el pedernal puso su mano, Y trastornó de raíz los montes. De los peñascos cortó ríos. Y sus ojos vieron todo lo preciado. Detuvo los ríos en su nacimiento, E hizo salir a luz lo escondido. Mas ¿dónde se hallará la sabiduría? ¿Dónde está el lugar de la inteligencia?"

Job diserta acerca de la creación de Dios Las maravillas que el hombre sólo puede admirar, puede plasmarlas en la lona con el pincel, pero no puede duplicarlas. Entonces pregunta acerca del origen la sabiduría.

Versos 13-19: "No conoce su valor el hombre, Ni se halla en la tierra de los viviente. El abismo dice: No está en mí; Y el mar dijo: Ni conmigo. No se dará por oro, Ni su precio será a peso de plata. No puede ser apreciada con oro de Ofir, Ni con ónice precioso, ni con zafiro. El oro no se le igualará, ni el diamante, Ni se cambiará por alhajas de oro fino. No se hará mención de coral ni de perlas: La sabiduría es mejor que las piedras preciosas. No se igualará con ella el topacio de Etiopía; No se podrá apreciar con oro fino."

Es admirable darse cuenta que ninguna universidad del mundo tiene un solo asiento para enseñar sabiduría. La sabiduría es la habilidad de utilizar el conocimiento adquirido, tanto en la escuela como en las experiencias de la vida.

Muchos que tienen mucho conocimiento, carecen de sabiduría; por eso muchas veces hacen cosas indebidas y se meten en problemas. La sabiduría viene del espíritu re-creado. Es uno de los atributos de Cristo. Él es hecho sabiduría en el creyente; 1 Corintios 1:30.

Nadie puede comprar la sabiduría. Ella no tiene precio. Ni se compra ella, ni la fe, ni el amor, ni la esperanza, porque son el fruto del espíritu que ha nacido de nuevo.

Versos 20-22: "¿De dónde, pues, vendrá la sabiduría? ¿Y dónde está el lugar de la inteligencia? Porque encubierta está a los ojos de todo viviente, Y a toda ave del cielo es oculta. El Abadón y la muerte dijeron: Su fama hemos oído con nuestros oídos."

¿Sabía usted que los países que nos han recibido el evangelio, no inventan nada? Ellos no tienen oficina de patentes, porque no crean nada. Es por eso que tanta gente vive en esos países en la miseria más abyecta. El poder creativo viene de Dios a la nueva criatura. Es el evangelio trabajando en los corazones del pueblo, lo que hace que se desarrollen las ciencias, las mecánicas y las artes.

En tiempos de Job, nadie había recibido vida eterna; nadie inventaba nada. Hoy en el Medio Oriente, mucha de la gente común vive como en los tiempos de Job.

Col.2:3 dice que en Cristo están escondidos todos los tesoros de la sabiduría y del conocimiento. La muerte espiritual, que opera en el hombre que no ha recibido a Cristo, ni la vida eterna; no tiene sabiduría. El ocultismo no tiene sabiduría; él vive de mentiras y de supersticiones. Es interesante darse cuenta que el infierno y la muerte tiene oídos.

Versos 23-27: "Dios entiende el camino de ella, Y conoce su lugar. Porque él mira hasta los fines de la tierra, Y ve cuanto hay bajo los cielos. Al dar peso al viento, Y poner las aguas por medida; Cuando él dio ley a la lluvia, Y camino al relámpago de los truenos, Entonces la veía él, y la manifestaba; La preparó y la descubrió también."

Dios conoce el camino de la inteligencia. Él fue quien le dio sabiduría a Isaac Newton para "descubrir" que el aire es pesado; hace sólo unos trescientos años. Por otra parte, el agua de la tierra está medida. Es la misma que había cuando Dios creó la tierra. Si tuviéramos más, moriríamos por las inundaciones; si menos, moriríamos de sed. El sistema de purificación del agua de Dios es perfecta, como todo lo que él hace.
El simplemente hace que el agua se evapore, y la devuelve purificada.

Eclesiastés 1:7 dice: *"Los ríos todos van al mar, y el mar no se llena; al lugar de donde los ríos vinieron, allí vuelven para correr de nuevo."*

Tampoco se conocía el giro de los vientos. Eclesiastés 1:6 dice *"El viento tira hacia el sur, y rodea al norte; va girando de continuo, y a sus giros vuelve el viento de nuevo:"*

¡Cuánta sabiduría hay en la Palabra de Dios! Es una lástima que tan pocos puedan aprovecharse de ella.

Verso 28: "Y dijo al hombre: He aquí que el temor del Señor es la sabiduría; Y apartarse del mal, la inteligencia."

El fin que la sabiduría y la inteligencia persiguen, es que el hombre tema a Dios, y sepa apartarse del mal, para que le vaya bien, y viva en paz. Así que Cristo, no sólo es sabiduría en nosotros, sino también, justificación y redención. El firmó nuestra paz con la sangre de su cruz, para que podamos disfrutar de su santidad. (1 Corintios 1:30)

CAPITULO # 29
Auto justificación

Versos 1-6: "Volvió Job a reanudar su discurso, y dijo: ¡Quién me volviese como en los meses pasados, Como los días en que Dios me guardaba, Cuando hacía resplandecer sobre mi cabeza su lámpara, A cuya luz yo caminaba en la oscuridad; Como fue en los días de mi juventud, Cuando el favor de Dios velaba sobre mi tienda; Cuando aún estaba conmigo el Omnipotente, Y mis hijos alrededor de mí; Cuando lavaba yo mis pasos con leche, Y la piedra me derramaba ríos de aceite!"

Job recuerda con añoranza su vida pasada, cuando disfrutaba de prosperidad, salud, y era rodeado de sus hijos, y era el Sacerdote y Pastor y Rey de su pueblo, dándole la Palabra que Dios le revelaba de labio a oído.

Aquí también está la mención de los yacimientos de petróleo, cuyos beneficios en su tiempo eran limitados por falta de conocimiento. Ellos usaban el alquitrán, como cuando Noé construyó el arca; y la calafateó con brea por dentro, como desodorante; y por fuera para sellarla.

También los egipcios usaban petróleo para engrasar las ruedas de sus carrozas. Los chinos usaban el petróleo que sacaban para buscar sal. También lo usaban como combustible. Los indios Toltecas de Méjico lo usaban para medicinas y combustible, también los indios americanos, antes que llegara el hombre blanco.

No fue sino hasta Agosto 27, de 1859, que Edwin L. Drake, de Titusville, Pensilvania descubrió petróleo y así comenzó el uso del mismo en la era moderna.

Versos 7-12: "Cuando yo salía a la puerta a juicio, Y en la plaza hacía preparar mi asiento, Los jóvenes me veían, y se escondían; Y los ancianos se levantaban, y estaban de pie. Los príncipes detenían sus palabras; Ponían la mano sobre su boca. La voz de los principales se apagaba, Y su lengua se pegaba a su paladar. Los oídos que me oían me llamaban bienaventurado, Y los ojos que me veían me daban testimonio, Porque yo libraba al pobre que clamaba, Y al huérfano que carecía de ayudador."

Job era un Juez, Profeta y Príncipe de Dios. Los hombres más importantes le rendían pleitesía. Los jóvenes le temían. Los ancianos le mostraban respeto.

Versos 13-14: "La bendición del que se iba a perder venía sobre mí, Y al corazón de la viuda yo daba alegría. Me vestía de Justicia, y ella me cubría; Como manto y diadema era mi rectitud."

Aquí tenemos la profecía de Proverbios 13:22: *"La riqueza del pecador está guardada para el justo."* Sin embargo, Job estaba vestido de justicia propia; se justificaba con sus obras. ¿Se está dando cuenta ya por qué Dios permitió que pasara por tan dura prueba?

Versos 15-20: "Yo era ojos al ciego, Y pies al cojo. A los menesterosos era padre, Y de la causa que no entendía me informaba con diligencia.; Y quebrantaba lo colmillos del inicuo, Y de sus dientes hacía soltar la presa. Decía yo: En mi nido moriré, Y como arena multiplicaré mis días. Mi raíz estaba abierta junto a las aguas, Y en mis ramas permanecía el rocío. Mi honra se renovaba en mí, Y mi arco se fortalecía en mi mano."

Aunque Job estaba en autoridad, era tierno. En estos versos nos damos cuenta que se justifica cuarenta veces. Él dice: Yo, me, mis. Esto es muy peligroso en el creyente. El que lo hace es quebrantado. La gloria toda le pertenece a Dios. El da de gracia para tener la gloria, y no la comparte con nadie."

Versos 21-25: "Me oían, y esperaban, Y callaban a mi consejo. Tras mi palabra no replicaban, Y mi razón destilaba sobre ellos. Me esperaban como a la lluvia tardía. Si me reía con ellos, no lo creían; Y no abatían la luz de mi rostro. Calificaba yo el camino de ellos, y me sentaba entre ellos como el jefe; Y moraba como rey en el ejército, Como el que consuela a los que lloran."

Era necesario que Job fuera quebrantado. Así el ministro que se esponja, y se enorgullece de cómo Dios lo usa, será quebrantado. El trabajo principal del Espíritu Santo en el creyente, es el de quebrantar el vaso del Yo, para que salga el perfume de Cristo.

CAPITULO # 30
Todos se burlan de mí

Versos 1-8: "Pero ahora se ríen de mí los más jóvenes que yo, A cuyos padres yo desdeñara poner con los perros de mi ganado. ¿Y de qué me serviría ni aún la fuerza de sus manos? No tienen fuerza alguna. Por causa de la pobreza y del hambre andaban solos; Huían a la soledad, al lugar tenebroso, asolado y desierto. Recogían malvas entre los arbustos, Y raíces de enebro para calentarse.

Eran arrojados de entre las gentes, Y todos les daban grita como tras ladrón. Habitaban en las barrancas de los arroyos, En las cavernas de la tierra, y en las rocas. Bramaban entre las matas, Y se reunían debajo de los espinos. Hijos de viles, hombres sin nombre, Más bajos que la propia tierra."

Job hace frente al presente, y declara que era racista. El reconoce que él los rechazaba: no los quería ni con los perros de sus rebaños.

El mundo está lleno de los pobres del diablo. Él decía que eran hijos de gente vil. Los indigentes y los desplazados son parte de la sociedad, y no todos son viles. Hay muchos entre ellos que han pertenecido a la alta sociedad, han tenido buenos empleos, y buena familia. Por circunstancias diversas y por problemas mentales han caído en situaciones difíciles.

Es deber del creyente mostrarle misericordia, y extenderle una mano amiga, además de predicarle el evangelio para que salgan de debajo del talón de acero que el diablo le ha puesto al cuello.

El discriminar a alguien por su condición social, su país de origen, o el color de su piel, es un pecado enorme para el creyente. La tierra es una casa, donde habita la familia humana. El deber del creyente es de tratar que todos tengan una sola bandera: la bandera de la Cruz; la bandera del amor.

Job reconoce que él los rechazaba: no los quería ni con los perros de sus rebaños.

Versos 9-15: "*Y ahora yo soy objeto de su burla, Y les sirvo de refrán. Me abominan, se alejan de mí, Y aun de mi rostro no detuvieron su saliva. Porque Dios desató su cuerda y me afligió, Por eso se desenfrenaron delante de mi rostro. A la mano derecha se levantó el populacho; Empujaron mis pies, Y prepararon contra mí caminos de perdición. Mi senda desbarataron, Se aprovecharon de mi quebrantamiento, Y contra ellos no hubo ayudador. Vinieron como por portillo ancho, Se revolvieron sobre mi calamidad, Se han revuelto turbaciones sobre mí; Combatieron como viento mi honor, Y mi prosperidad pasó como nube.*"

Este es una profecía de los sufrimientos de Cristo de mano del Sanedrín, el Senado, el Sacerdocio, Herodes y Pilatos. En aquel juicio infame, no hubo fiscal ni abogado defensor.

Versos 16-23: "*Y ahora mi alma está derramada en mí; Días de aflicción se apoderan de mí. La noche taladra mis huesos, Y los dolores que me roen no reposan. La violencia deforma mi vestidura; me ciñe como el cuello de mi túnica. El me derribó en el lodo, Y soy semejante al polvo y a la ceniza. Clamo a ti, y no m e oyes; Me presento, y no me atiendes. Te has vuelto cruel para mí: Con el poder de tu mano me persigues, Me alzaste sobre el viento, me hiciste cabalgar en él, Y disolviste mi sustancia. Porque yo sé que me conduces a la muerte, Y a la casa determinada a todo viviente.*"

Para entender esta parte de la profecía debemos estudiar el Salmo 88, y Jonás 2. Es la del sufrimiento de Jesús durante la crucifixión y los tres días y tres noches que estuvo separado del Padre.

Versos 24-31: Más él no extenderá la mano contra el sepulcro; ¿Clamarán los sepultados cuando él os quebrantaré? ¿No lloré yo al afligido? Cuando esperaba yo el bien, entonces vino el mal; Y cuando esperaba luz, vino la oscuridad. Mis entrañas se agitan, y no reposan; Días de aflicción me han sobrecogido, Ando ennegrecido, y no por el sol; Me he levantado en la congregación, y clamado. He venido a ser hermano de chacales.; Y compañero de avestruces. Mi piel se ha ennegrecido y se me cae, Y mis huesos arden de calor. Se ha cambiado mi arpa en luto, Y mi flauta en voz de lamentadores."

Ahora Job se lamenta de lo que le sucede a él. Él había vivido una vida tan recta, que esperaba que le fuera bien hasta el fin. Entonces habla de su enfermedad. Su piel llena de tumores, heridas abiertas, gusanos comiendo la carne dañada, que cae en pedazos. No puede dormir; la fiebre le consume. El diablo ha tocado su carne; y cuando él toca no tiene misericordia.

Cuando el creyente se ve en una situación desesperada, como la de Job, debe preguntar: "¿Qué lección deseas mostrarme, Señor?"

CAPITULO # 31

Versos 1-4: "Hice pacto con mis ojos; ¿Cómo, pues, había yo de mirar a una virgen? Porque ¿qué galardón me daría de arriba Dios, Y qué heredad el Omnipotente desde las alturas? ¿No hay quebrantamiento para el impío, Y extrañamiento para los que hacen iniquidad? ¿No ve él mis caminos, Y cuenta todos mis pasos?"

¡Soy inocente! No me he contaminado con la lujuria. He sido fiel en mi matrimonio. Dios me está mirando. En aquellos tiempos el hombre podía casarse con varias mujeres, pero no podía deshonrar a una virgen. Es muy raro que en este libro de Job no se registrara que Job, siendo un hombre tan poderoso y rico, no tuviera un harén; como es la costumbre oriental. Recuerde que para ellos no era considerado un delito. Jacob tuvo cuatro de una vez.

Versos 5-8: "Si anduve con mentira, Y si mi pie se apresuró a engaño., péseme Dios en balanzas de justicia, Y conocerá mi integridad. Si mis pies se apartaron del camino, Si mi corazón se fue tras mis ojos, Y si algo se pegó a mis manos, Siembre yo, y otro coma, Y sea arrancada mi siembra."

En estos versos Job hace cuenta de las cosas malas que nunca hizo. Nadie lo puede acusar de mentiroso ni de ladrón. Este es el sello del diablo. Él es padre de mentira y ladrón. La gracia de Dios le había mantenido la limpieza de labios y de manos.

Versos 9-12: "Si mi corazón fue engañado acerca de mujer, Y si estuve acechando a la puerta de mi prójimo, Muela para otro mi mujer, Y sobre ella otros se encorven. Porque es maldad e iniquidad, Que han de condenar los jueces. Porque es fuego que devoraría hasta el Abadón, Y consumiría toda mi hacienda."

Aquí se menciona el delito de adulterio. Note que en el Medio Oriente, excepto en Israel; no se considera adulterio tener un harén de varias esposas y concubinas. El adulterio es tener una mujer casada con marido. Recuerde que David tenía sus esposas y sus concubinas, más cuando deseó la mujer de Urías, se le tuvo como pecado de adulterio. Vea 2 Samuel, capítulos 11 y 12.

El delito de adulterio es muy peculiar: Entra por los ojos; y una vez consumado, es un fuego que no se puede apagar. Es el fuego de la lujuria que lleva a la muerte y al infierno. Es delito de violación de pacto.

Versos 13- 15: "Si hubiera tenido en poco el derecho de mi siervo y de mi sierva, Cuando ellos contendían conmigo, ¿Qué haría yo cuando Dios se levantase? Y cuando él me preguntara, ¿qué le respondería yo? El que en el vientre me hizo a mí, ¿no lo hizo a él? ¿Y no nos dispuso uno mismo en la matriz?"

"Yo he actuado con justicia", dice Job. No he tomado ventaja sobre mis siervos, porque a ambos nos hizo Dios. Este es un muy buen argumento para los que piensan que tienen sangre azul; que se creen ser mejores que los demás. "Y de una sangre ha hecho todo el linaje de los hombres para que habiten sobre la faz de la tierra…" Hechos 17:26.

Versos 16-23: "Si estorbé el contento de los pobres, E hice desfallecer los ojos de la viuda; Si comí mi bocado solo, Y no comió de él el huérfano, (Porque desde mi juventud creció conmigo como con un padre, Y desde el vientre de mi madre fui guía de la viuda); Si he visto que pereciera alguno sin vestido, Y al menesteroso sin abrigo; Si no me bendijeron sus lomos,

Y del vellón de mis ovejas se calentaron; Si alcé contra el huérfano mi mano, Aunque viese que me ayudaran en la puerta; mi espada se caiga de mi hombro, y el hueso de mi brazo sea quebrado. Porque temí el castigo de Dios, Contra cuya majestad yo no tendría poder."

Job hace una cuenta de sus obras de amor y de misericordia hacia los huérfanos y las viudas. En muchos países todavía no hay ayuda del gobierno para los huérfanos y las viudas. Gracias a Dios, nosotros vivimos en un país con raíces cristianas, donde los niños y las viudas reciben ayudas del gobierno. Oremos porque esto no cambie.

Versos 24-28: "Si puse en el oro mi esperanza, Y dije al oro: Mi confianza eres tú; Si me alegré de que mis riquezas se multiplicasen, Y de que mi mano hallase mucho; Si he mirado al sol cuando resplandecía, O a la luna cuando iba hermosa, Y mi corazón se engañó en secreto, Y mi boca besó mi mano; Esto también sería maldad juzgada; Porque habría negado al Dios soberano."

Job declara que toda su esperanza estaba en Dios. Que no tenía amor al dinero. Él no había pecado de avaricia no de falta de fe en Dios. Tampoco había confiado en la astrología, la cual se practicaba en su tiempo como la religión nacional de los Caldeos. Tampoco se amó a si mismo más que a Dios.

Versos 29-37: "Si me alegré en el quebrantamiento del que me aborrecía, Y me regocijé cuando le halló el mal (Ni aun entregué al pecado mi lengua, Pidiendo maldición para su alma); Si mis siervos no decían: ¿Quién no se ha saciado de su carne? (El forastero no pasaba fuera la noche; Mis puertas abría al caminante); Si encubrí como hombre mis transgresiones, Escondiendo en mi seno mi iniquidad, Porque tuve temor de la gran multitud, Y el menosprecio de las familias me atemorizó, Y callé, y no salí de mi puerta;

¡Quién me diera quien me oyese! He aquí mi confianza es que el Omnipotente testificará por mí, Aunque mi adversario me forme proceso. Ciertamente yo lo llevaría sobre mi hombro, Y me lo ceñiría como una corona, Yo le contaría el número de mis pasos, Y como príncipe me presentaría ante él."

Aquí Job dice que nunca en su corazón hubo malicia para alegrarse del mal de su enemigo. Tampoco le maldijo. Habla de la excelencia de su hospitalidad, la cual es algo especial en las costumbres orientales.

Nosotros también podemos ser hospitalarios, aunque en este tiempo es peligroso abrir la puerta a los extraños. La Iglesia unida puede pagar un hotel a los hermanos que no conocemos.

Job tampoco vivió de apariencias, ni tuvo miedo al qué dirán. Él pone a Dios por testigo de que no les deseaba mal a sus enemigos.

Versos 38-40: "Si mi tierra clama contra mí, Y lloran todos sus surcos; Si comí su sustancia sin dinero, O afligí el alma de sus dueños, En lugar de trigo me nazcan abrojos, Y espinos en lugar de cebada."

Job continúa hablando de su integridad. No le robó tierra a nadie; nunca violó el reposo de la tierra. Esta debe descansar cada séptimo año. Se puede sembrar seis años corridos, y el séptimo debe tener reposo. Si esto se practicara fielmente, no se necesitarían tantos abonos ni químicas.

CAPÍTULO # 32
El joven apasionado

Verso 1: "Cesaron estos tres varones de responder a Job, por cuanto él era justo a sus propios ojos."

Cuando los amigos se dieron cuenta que con su defensa, Job les mostraba que se consideraba justo, cerraron sus bocas.

Versos 2-5: "Entonces Eliú hijo de Baraquel buzita, de la familia de Ram, se encendió en ira contra Job; se encendió en ira, por cuanto se justificaba a sí mismo más que a Dios. Asimismo se encendió en ira contra sus tres amigos, porque no hallaban qué responder, aunque habían condenado a Job. Y Eliú había esperado a Job en la disputa, porque los otros eran más viejos que él. Pero viendo Eliú que no había respuesta en la boca de aquellos tres varones, se encendió en ira."

Eliú era descendiente de Nacor, el hermano de Abraham. Él había callado hasta aquí, porque era el más joven; pero al ver que sus amigos no tenían qué responder, se encendió en ira contra ellos y contra Job. Eliú era un joven apasionado.

Cuando alguien quiere levantar una protesta, busca los jóvenes; especialmente de las universidades. Entonces los motiva, los enciende, y los suelta. Como su cerebro todavía no ha terminado de hacer las debidas conexiones, son impresionables. Los hombres maduros no se dejan arrastrar fácilmente por las ideas de alguno.

Eliú se encendió en ira contra Job, porque se justificaba a sí mismo. Contra sus amigos porque Job les había tapado la boca con sus argumentos. El pretendía defender a Dios, porque creía que Job le había robado la justicia.

Versos 6-10: "Y respondió Eliú hijo de Baraquel buzita, y dijo: Yo soy joven, y vosotros ancianos; Por tanto, he tenido miedo, y he temido declararos mi opinión. Yo decía; Los días hablarán. Y la muchedumbre de años declarará **sabiduría. Ciertamente** *espíritu hay en el hombre, Y el soplo del Omnipotente le hace que entienda. No son los sabios los de mucha edad, Ni los ancianos entienden el derecho. Por tanto, yo dije: Escuchadme; declararé yo también mi sabiduría."*

Eliú había callado por respeto a la edad de sus amigos, pero al ver que han fracasado, toma la palabra y dispara su argumento, acusándolos de falta de sabiduría.

Versos 11-14: "He aquí yo he esperado a vuestras razones, He escuchado vuestros argumentos, En tanto que buscabais palabras. Os he prestado atención, Y he aquí que no hay en vosotros quien redarguya a Job, Y responda a sus razones. Para que no digáis: Nosotros hemos hallado sabiduría; Lo vence Dios, no el hombre. Ahora bien, Job no dirigió contra mí sus palabras, Ni yo le responderé con vuestras razones."

Eliú dice que ha estado escuchando las palabras de los tres amigos, y no ha encontrado que las palabras de ellos pudieran redargüir a Job, y convencerlo de pecado.

Es una realidad que los jóvenes piensan que los viejos no saben nada; que son anticuados, y que no pueden poner en práctica sus consejos y orientaciones. No es sino después de los cincuenta años que el hombre se da cuenta que el viejo tenía razón. Después de eso anhelan que el viejo estuviera vivo para aprovechar su experiencia y su sabiduría.

Versos 15. 22: "Se espantaron, no respondieron más; Se les fueron los razonamientos. Yo, pues, he esperado, pero no hablaban; Mas bien callaron y no respondieron más. Por eso yo también responderé mi parte; También yo declararé mi juicio. Porque estoy lleno de palabras, Y me apremia el espíritu dentro de mí.

De cierto mi corazón está como el vino que no tiene respiradero, Y se rompe como odres nuevos. Hablaré, pues, y respiraré; Abriré mis labios, y responderé. No haré ahora acepción de personas, Ni usaré con nadie de títulos lisonjeros. Porque no sé hablar lisonjas; De otra manera, en breve mi Hacedor me consumiría."

¡Cuánto fuego hay en estas palabras! El joven está lleno de palabras y de argumentos. Así muchos predicadores jóvenes piensan que los ministros viejos son dinosaurios, sin embargo los neófitos son ellos.

Eliú piensa que sus argumentos son de más valor que el de los ancianos.

CAPÍTULO # 33
Mal representando a Dios

Versos 1.7: "Por tanto, Job, oye ahora mis razones, Y escucha mis palabras, He aquí yo abriré mi boca, y mi lengua hablará en mi garganta. Mis razones declararán la rectitud de mi corazón. Y lo que sabe mis labios, lo hablarán con sinceridad. El espíritu de Dios me hizo Y el soplo del Omnipotente me dio vida. Respóndeme si puedes; Ordena tus palabras, ponte en pie. Heme aquí a mí en lugar de Dios, conforme a tu dicho; De barro fui yo también formado. He aquí mi terror no te espantará. Ni mi mano se agravará sobre ti."

Es verdad que la ignorancia es atrevida. Este joven pretende representar a Dios. Sin embargo, como sus amigos más ancianos, dice cosas que aunque son verdades, no se aplican a Job.

Él dice que fue formado de barro; esto es, es descendiente de Adán. Entonces declara lo más inaudito: Que no atacará a Job físicamente. Esto es algo que es realmente preocupante. Es muy difícil para los jóvenes controlar sus pasiones. Aunque Eliú está dominado por la pasión de la ira, promete controlarse.

Versos 13: "De cierto tú dijiste a oídos míos, Y yo oí la voz de tus palabras que decían: Yo soy limpio y sin defecto; Soy inocente, y no hay maldad en mí. He aquí que él buscó reproches contra mí Y me tiene por enemigo; Puso mis pies en el cepo, Y vigiló todas mis sendas. He aquí, en esto has hablado justamente: Yo te responderé que mayor es Dios que el hombre. ¿Por qué contiendes contra él? Porque él no se da cuenta de ninguna de tus razones."

Eliú acusa a Job de declarar que no tiene conciencia de pecado delante de Dios; de decir que es Dios quien le ha traído todos estos males sin razón. "Tú estás acusando a Dios de injusticia para contigo." Entonces le acusa de soberbia.

Versos 14-18: "Sin embargo, en una o en dos maneras habla Dios; Pero el hombre no entiende. Por sueño, en visión nocturna, Cuando el sueño cae sobre los hombres, Cuando se adormecen sobre el lecho, Entonces revela al oído de los hombres, Y les señala su consejo, Para quitar al hombre de su obra, Y apartar del varón la soberbia. Detendrá su alma del sepulcro. Y su vida de que perezca a espada."

Gracias a Dios por su Palabra, pues   ya no tenemos que depender ni de confiar en sueños; que bien pueden venir de Dios, pero que también pueden venir de nuestro subconsciente. No es sabio para el creyente dejarse ir por sueños, ni visiones, si tiene la Palabra para que lo guíe. Si no la comprende, debe buscar un maestro con ministerio para que le enseñe. El ministerio de maestro es uno de los cinco ministerios del cuerpo de Cristo. (Este no es el maestro de escuela dominical.)

2 Pedro 1:19 dice: *"Tenemos también la palabra profética más segura, a la cual hacéis bien en estar atentos como a una antorcha que arde en lugar oscuro, hasta que el día esclarezca y el lucero de la mañana salga en vuestros corazones."*

El estar pendiente de la Palabra para hacer lo que en ella se nos dice; especialmente en la Epístolas del Nuevo Testamento para hacerlas; nos librará de la soberbia, y nos ayudará a apartarnos del mal.

Versos 19-22: "También sobre su cama es castigado Con dolor fuerte en todos sus huesos, Que le hace que su vida aborrezca el pan, Y su alma la comida suave. Su carne desfallece, de manera que no se ve, Y sus huesos, que antes no se veían, aparecen. Su alma se acerca el sepulcro, Y su vida a los que causan la muerte."

El argumento aquí es que Job ha sido castigado por Dios con sus terribles enfermedades. No es Dios quien ha traído estos problemas a Job, sino el diablo. Donde Dios habita no hay enfermedad.

Esta creencia de que Dios castiga con enfermedades a los hombres, ha mantenido cautivos a muchos. El Señor al hijo que ama, disciplina, pero no con enfermedades.

Es cierto que la vejez no viene sola. Aquí se revelan los estragos de la vejez. Dolor en los huesos, falta de apetito, insomnio, malestar en el estómago, y en algunos, demencia.

Eclesiastés 12: 1-7 lo describe mejor: *"Acuérdate de tu Creador en los días de tu juventud, antes que vengan los días malos, y lleguen los años de los cuales digas, no tengo en ellos contentamiento."*

La Palabra aconseja al joven a buscar a Dios mientras es joven, antes de que llegue a viejo.

"Antes que se oscurezca el sol, (la belleza), y la luz, (conocimiento), y la luna (memoria) y las estrellas, (alegría), y vuelvan las nubes tras la lluvia, (dolores y lágrimas) cuando temblarán los guardas de la casa, (los muslos), y se encorvarán los hombres fuertes, (hombros), y cesarán las muelas porque han disminuido, (dientes) y se oscurecerán los que miran por las ventanas, (ojos) y las puertas de afuera se cerrarán, por lo bajo del ruido de la muela, (la voz), cuando se levantarán a la voz del ave, (madrugan), y todas las hijas del canto serán abatidas, (Ya no cantan).

"Cuando también temerán de lo que es alto, (Miedo a caídas que causan la muerte a los viejos por los huesos rotos) y habrá terrores en el camino (asaltos a ancianos) Y florecerá el almendro, (canas), y la langosta será una carga, (no tiene fuerzas) y se perderá el apetito, (estómago no soporta comidas fuertes) Porque el hombre va a su morada eterna, (cielo o infierno), y los endechadores andarán alrededor por las calles, (herederos)

"Antes que la cadena de plata se quiebre (cordón que une el espíritu al cuerpo), y se quiebre el cuenco de oro, (corazón) y el cántaro se quiebre junto a la fuente, (venas), y la rueda sea rota sobre el pozo, (el cerebro, y los órganos como un reloj roto) Y el polvo vuelva a la tierra, y el espíritu vuelva a Dios que lo dio." (Cuerpo muerto al sepulcro, espíritu eterno a Dios) ¡Usted determina ahora! ¿Juez, o Amigo?

Versos 23-26: "Si tuviera cerca de él Algún elocuente mediador muy escogido, Que anuncie al hombre su deber; Que le diga que Dios tuvo de él misericordia, Que lo libró de descender al sepulcro, Que halló redención; Su carne será más tierna que la del niño. Volverá a los días de su juventud. Orará a Dios, y éste le amará, Y verá su faz con júbilo; Y restaurará al hombre su justicia."

Esta es la profecía del Evangelio. Cristo vendría como Mediador muy escogido; Dios con nosotros, Emanuel, a establecer un Nuevo Pacto. El, por medio de la Palabra nos anuncia nuestro deber. Nos revela la misericordia de Dios, que nos libró del infierno; y nos da la promesa de la resurrección del cuerpo. Mientras tanto, por haber obtenido para nosotros la justificación por fe en su Obra de Redención; podemos orar en todo tiempo y ver su faz con júbilo por medio de la fe.

Versos 27-30: "El mira sobre los hombres; y al que dijere: Pequé, y pervertí lo recto, Y no me ha aprovechado, Dios redimirá su alma *para que no pase al sepulcro; Y su vida se verá en luz. He aquí todas estas cosas hace Dios dos tres veces con el hombre, para apartar su alma del sepulcro, Y para iluminarlo con la luz de los vivientes."*

Aquí está el aviso a los pecadores que se arrepientan, para que no vayan al infierno. ¿Qué es arrepentirse? ¿Podrá el pecador arrepentirse si Dios no le da gracia para hacerlo? ¿Qué es arrepentirse? Es cambiar de camino; cambiar de amo. Aceptar a Cristo como Salvador, y someterse a Su Señorío.

Entonces será iluminado con la luz de la Palabra, la de los vivientes, la que los muertos no pueden comprender porque viven en tinieblas espirituales. Ellos viven descuidados, sin darse cuenta que el abismo del infierno se abre a sus pies.

Versos 31-33: "Escucha, Job, y óyeme; Calla, y yo hablaré. Si tienes razones, respóndeme; Habla, porque yo te quiero justificar, Y si no, óyeme tú a mí; Calla, y te enseñaré sabiduría."

Ciertamente es el Espíritu Santo quien está inspirando a este joven en las profecías del evangelio. Esto se escribió para el creyente.

CAPÍTULO # 34
Defendiendo la integridad de Dios

Versos 1-6: "Además Eliú dijo: Oíd, sabios, mis palabras; Y vosotros, doctos, estadme atentos. Porque el oído prueba las palabras, Como el paladar gusta lo que uno come. Escojamos para nosotros el juicio, Conozcamos entre nosotros cuál sea lo bueno. Porque Job ha dicho: Yo soy justo, Y Dios me ha quitado mi derecho. ¿He de mentir yo contra mi razón? Dolorosa es mi herida sin haber hecho yo transgresión."

El joven Eliú cree que lo sabe todo, como todos los jóvenes. Con sarcasmo le falta el respeto a los más ancianos, llamándolos, "Doctos." Sin embargo, en sus palabras hay muchas verdades, aunque mal aplicadas en el caso de Job.

Versos 7-8: "¿Qué hombre hay como Job, Que bebe el escarnio como agua, Y va en compañía de los que hacen iniquidad, Y anda con los hombres malos? Porque ha dicho: De nada servirá el hombre El conformar la voluntad de Dios."

Este joven acusa a Job de ser escarnecedor, y andar en compañía de malhechores y de blasfemo.

Versos10-15: "Por tanto, varones de inteligencia, oídme: Lejos esté Dios de la impiedad, Y del Omnipotente la iniquidad. Porque él pagará al hombre según su obra, Y le retribuirá conforme a su camino. Si, por cierto, Dios no hará injusticia, Y el Omnipotente no pervertirá el derecho.

¿Quién visitó por él la tierra? ¿Y quién puso en orden todo el mundo? Si él pusiese sobre el hombre su corazón, Y recogiese así su

espíritu y su aliento, Toda carne perecería juntamente, Y el hombre volvería al polvo."

El argumento de Eliú es que Dios no hace injusticia. Job había declarado que Dios le estaba castigando sin causa. El apasionado joven defiende la integridad de Dios. Aquí declara que el aliento de Dios es la vida de todo hombre.

Versos 16-20. "Si, pues, hay en ti entendimiento, oye esto; Escucha la voz de mis palabras. ¿Gobernará el que aborrece el juicio? ¿Y condenarás tú al que es tan justo? ¿Se dirá al rey: Perverso; Y a los príncipes: Impíos? ¿Cuánto menos a aquel que no hace acepción de personas de príncipes, Ni respeta más al rico que al pobre, Porque todos son obras de sus manos? En un momento morirán, Y a medianoche se alborotarán los pueblos, y pasarán, Y sin manos será quitado el poderoso."

Él dice: Si no te has embrutecido totalmente, oye lo que te digo. ¿Te atreves tú a condenar a Dios? Es interesante darse cuenta que aunque los pueblos se levanten en revoluciones, todo pasa. Como nuestra vida es tan corta, creemos que los males durarán por muchos años, pero no es así. El poderoso, que agitó al pueblo y le quitó la paz, pasará.

Versos 21-24: "Porque sus ojos están sobre los caminos del hombre, Y ve todos sus pasos. No hay tinieblas ni sombra de muerte Donde se escondan los que hacen maldad. No carga, pues, él al hombre más de los justo, Para que vaya con Dios a juicio. El quebrantará a los fuertes sin indagación,

Y hará estar a otros en su lugar. Por tanto, el hará notorias las obras de ellos, Cuando los trastorne en la noche, y sean quebrantados. Como a malos los herirá En lugar donde sean vistos; Por cuando así se apartaron de él, Y no consideraron ninguno de sus caminos, Haciendo venir delante de él el clamor del pobre, Y que oiga el clamor de los necesitados."

Esta es una abierta acusación a Job. Él dice que Job se ha escondido para hacer el mal, pero que Dios le ha estado mirando. ¡Cuántas veces nosotros juzgamos lo que no sabemos! Sin embargo, estos versos proclaman una gran verdad que se aplica a los perversos y a los descarriados.

La historia nos cuenta de los hombres fuertes de todos los países, que han pensado que eran poderosos y eternos. Ellos han sido heridos por la mano divina, cuando menos lo esperaban. Cuando veamos un gran poderoso cruel, pensemos: "Este también pasará" Dios oye el clamor del pueblo sufrido, y "Aunque se tarde, espéralo."

Versos 29-32: "Si él diere reposo, ¿quién inquietará? Si escondiere el rostro, ¿quién lo mirará? Esto sobre una nación, y lo mismo sobre un hombre; Haciendo que no reine el hombre impío Para vejaciones del pueblo. De seguro conviene que se diga a Dios: He llevado ya castigo, no ofenderé más; Enséñame tú lo que yo no veo; Si hice mal, no lo haré más."

Dios está en control de los pueblos. Los opresores sufrirán su castigo. Muchos creen que están por encima de la ley; y puede que así sea en lo humano; pero él comparecerá ante el Trono de Dios a dar cuenta del mal que le haya hecho a la nación.

Por otra parte, muchas veces Dios permite que un malvado continúe en el poder, como Manasés, el rey de Judá, como castigo a un pueblo descuidado, y alejado de Dios. En estos casos, el pueblo entero debe preguntarle a Dios en qué han fallado, y enmendar sus caminos.

Versos 33-37: "¿Ha de ser eso según tu parecer? Él te retribuirá, ora rehúses, ora aceptes, y no yo; Di, si no, lo que tú sabes. Los hombres inteligentes dirán conmigo, Y el hombre sabio que me oiga: Que Job no habla con sabiduría, Y que sus palabras no son con entendimiento. Deseo yo que Job sea probado ampliamente, A causa de sus respuestas semejantes a las de los hombres inicuos. Porque a su pecado añadió rebeldía; Bate palmas contra nosotros, Y contra Dios multiplica sus palabras.

Ya el joven no usa filosofías, Ahora acusa a Job directamente de perversidad y de rebeldía.

CAPÍTULO # 35

Predicándole a Job

Versos 1-8: "Prosiguió Eliú en su razonamiento, y dijo: ¿Piensas que es cosa recta lo que has dicho: Más justo soy que Dios? Porque dijiste: ¿Qué ventaja sacaré de ello? ¿O qué provecho tendré de no haber pecado? Yo te responderé mis razones,

Y a tus compañeros contigo. Mira a los cielos, y ve, Y considera que las nubes son más altas que tú; Si pecares, ¿qué habrás logrado contra él? Y si tus rebeliones se multiplicaren, ¿qué le harás tú? Si fueres justo, ¿qué le darás a él? ¿O qué recibirá de tu mano? Al hombre como tú dañará la   impiedad, Y al hijo del hombre aprovechará la justicia."

Nos damos cuenta que Eliu está exhortando a Job, pero no por el Espíritu. La palabra clave aquí es: "Razones", o razonamientos de los sentidos. Él está juzgando a Job usando su razonamiento.

Esta fue la tentación que el diablo hizo a Adán y a Eva en el Jardín. Ellos habían vivido en el reino de la fe. El reino que no tiene que ver para creer. El diablo les tentó a usar los razonamientos de los sentidos. Los sentidos se sentaron en el trono y la fe murió. Sus ojos espirituales se cerraron; abrieron los de sus razonamientos y se dieron cuenta que estaban desnudos, (Génesis Cap. 3) Note las veces que se usa en este capítulo las palabras, ver, oír, comer, y tocar.

De la misma forma el diablo tienta al creyente a dejar el reino de la fe en la Palabra de Dios, y envolverse en los razonamientos de los sentidos, traídos por las circunstancias; una enfermedad, la cartera vacía, etc. La clave para la victoria está en 2 Corintios 10:3-5:

"Pues aunque andamos en la carne, (sentidos) no militamos según la carne; porque las armas de nuestra milicia no son carnales, sino poderosas en Dios para la destrucción de fortalezas, refutando argumentos, (o razonamientos de los sentidos), y toda altivez que se levanta contra el conocimiento de Dios, y llevando cautivo todo pensamiento a la obediencia de Cristo." O de la Palabra de Dios.

Cuando nos encontramos en una situación difícil, y los sentidos nos dicen que no hay salida, buscamos lo que dice Dios. Oramos, presentamos el problema, recibimos la respuesta de su Palabra, y ya tenemos lo que pedimos. Entonces no nos dejamos ir por lo que vemos, oímos, palpamos, o gustamos, sino por lo que dice Dios. Esto es vivir en el reino del Espíritu. Es vivir por fe.

Por otra parte Eliú dice la verdad. El pecador no le hace daño a Dios; se hace daño él mismo. El creyente que peca, le hace daño al evangelio, y se hace daño a sí mismo.

Versos 9-11: "A causa de la multitud de la violencias claman, Y se lamentan por el poderío de los grandes. Y ninguno dice: ¿Dónde está Dios mi Hacedor, Que da cánticos en la noche, Que nos enseña más que a las bestias de la tierra, Y nos hace sabios más que a las aves del cielo?"

El pecador puede estar sufriendo mucho. Algunos son traídos al evangelio por medio del sufrimiento, pero otros no. Ellos no entienden que Dios le ha dado al hombre más sabiduría que a los animales. Los animales actúan por instinto. Las aves hacen sus nidos de la misma forma que cuando fueron creadas.

La necesidad es la madre de los inventos. El hombre crea, inventa, piensa y determina.

Versos 12-16: "Allí clamarán, y él no oirá, Por la soberbia de los malos. Ciertamente Dios no oirá la vanidad, Ni la mirará el Omnipotente. ¿Cuánto menos cuando dices que no haces caso de él? La causa está delante de él, por tanto aguárdale. Mas ahora, porque en su ira no te castiga, Ni inquiere con rigor, Por eso abre Job su boca vanamente, Y multiplica palabras sin sabiduría."

Es cierto que el Señor no oye al pecador, pero si éste se arrepiente, lo oye, (Juan 9:31) El hombre siempre ha pretendido saber cómo piensa Dios. La única forma de percibir algo de la mente de Dios, es conociendo la revelación de la Palabra de Dios, la Biblia. En sus páginas sagradas está plasmado lo que Él quiere que el hombre sepa acerca de él.

CAPITULO # 36
¿Necesitaría Dios abogado defensor?

Versos 1-4: "Añadió Eliú y dijo: Espérame un poco, y te enseñaré; Porque todavía tengo razones en defensa de Dios. Tomaré mi saber desde lejos, Y atribuiré justicia a mi Hacedor. Porque de cierto no son mentira mis palabras; Contigo está el que es íntegro en sus conceptos."

¿Tendría Dios necesidad de que Eliú le defendiera ante Job? Él había declarado que no había otro como Job. Es interesante ver que el joven se justifica ante los ancianos. Él dice que es íntegro en sus conceptos. Sin embargo estaba equivocado en la aplicación de sus conceptos.

Versos 5-9 "He aquí Dios es grande, pero no desestima a nadie; Es poderoso en fuerza de sabiduría. No otorgará vida al impío, Pero a los afligidos dará su derecho. No apartará de los justos sus ojos; Antes bien con los reyes los pondrá en trono para siempre, Y serán exaltados. Y si estuvieren prendidos en grillos, Y aprisionados en las cuerdas de aflicción, Él le dará a conocer la obra de ellos, Y que prevalecieron sus rebeliones."

Dios no hace acepción de personas. "Porque los ojos del Señor están sobre los justos, y sus oídos atentos a sus oraciones, Pero el rostro del Señor está contra aquellos que hacen el mal." dice 1 Pedro 3:12.

Versos 10-12: "Despierta además el oído de ellos para la corrección, Y les dice que se conviertan de la iniquidad. Si oyeren, y le sirvieren Acabarán sus días en bienestar, Y sus años en dicha. Pero si no oyeren, serán pasados a espada, Y perecerán sin sabiduría."

Nadie puede venir a Cristo, si el Padre no le trae. Él es quien abre el oído para oír el mensaje, y el corazón para entenderlo. La promesa para el creyente es que los saciará de larga vida y le mostrará su salvación.

Versos 13-16: "Mas los hipócritas atesoran para sí la ira, Y no clamará cuando él los atare. Fallecerá el alma de ellos en su juventud, Y su vida entre los sodomitas. Al pobre librará de su pobreza, Y en la aflicción despertará su oído. Asimismo te apartará de la boca la angustia A lugar espacioso, libre de todo apuro, Y te preparará mesa llena de grosura."

Los hipócritas religiosos, los que se amparan detrás de la religión para hacer sus maldades, serán puestos en prisión, y allí serán víctimas los sodomitas.

Es una realidad que cuando la persona viene a Cristo, y le sirve de corazón, su vida cambia para bien. Las bendiciones de Deuteronomio 28, le alcanzan a ellos y a los suyos.

Versos17-23: "Mas tú has llenado el juicio del impío, En vez de sustentar el juicio y la justicia. Por lo cual teme, no sea que su ira te quite con golpe, el cual no puedas apartar de ti con gran rescate. ¿Hará él estima de tus riquezas, del oro, O de todas las fuerzas del poder? No anheles la noche, En que los pueblos desaparecen de su lugar. Guárdate, no te vuelvas a la iniquidad; Pues ésta escogiste más bien que la aflicción. He aquí Dios es excelso en su poder; ¿Qué enseñador semejante a él? ¿Quién le ha prescrito su camino? ¿Y quién le dirá: Has hecho mal?"

Esta es otra exhortación de amenaza a Job. Otra verdad mal aplicada. Él dice que Job ha llenado la copa de la impiedad. Por lo tanto debe tener miedo de que Dios le quite la vida. ¿Se puede imaginar la tortura del pobre Job?

Si bien es cierto que las riquezas no pueden impresionar a Dios, ya que él es el dueño del oro y la plata. La amonestación es cierta, pero no se aplica a Job.

Versos 24-33 "Acuérdate de engrandecer su obra, La cual contemplan los hombres. Los hombres todo lo ven; La mira el hombre de lejos. He aquí, Dios es grande, y nosotros no le conocemos, Ni se puede seguir las huellas de sus años. El atrae las gotas de las aguas, Al transformarse el vapor en lluvia, La cual destilan las nubes, Goteando en abundancia sobre los hombres.

"¿Quién podrá comprender la extensión de las nubes, Y el sonido estrepitoso de su morada? He aquí que sobre él se extiende su luz, Y cobija con ella las profundidades del mar. Bien que por esos medios

castiga a los pueblos, A la multitud él da sustento. Con las nubes encubre la luz, Y le manda no brillar, interponiendo aquéllas. El trueno declara su indignación, Y la tempestad, proclama su ira contra la iniquidad."

Esta es una pequeña explicación de las maravillas de la creación de Dios. La ciencia moderna ha pretendido explicar la naturaleza, pero al enfrentarse a su fuerza, tiene que reconocer que existe Dios. Son más los científicos que creen en Dios que los que son ateos. Un poco de ciencia te aleja de Dios; mucha ciencia te lleva a Dios.

CAPITULO # 37

Versos 1-5: "Por eso también se estremece mi corazón, Y salta de su lugar. Oíd atentamente el estrépito de su voz, Y el sonido que sale de su boca. Debajo de todos los cielos lo dirige, Y su luz hasta los fines de la tierra. Después de ella brama el sonido, Truena él con voz majestuosa; Y aunque sea oída su voz, no los detiene. Truena Dios maravillosamente con su voz; El hace grandes cosas que nosotros no entendemos."

Eliú diserta ahora sobre la grandeza de Dios, para mostrar a Job su falacia al tratar de contender con Dios. Él dice que la voz de Dios se manifiesta en los truenos y los relámpagos.

En 1 Reyes 19:11-12, nos relata la historia de Elías, cuando huía de Jezabel. Después de caminar doscientas millas hasta el monte Sinaí en Arabia, (Gal.4:27), se quedó dormido, entonces recibió las instrucciones de Dios.

"Y he aquí Jehová que pasaba, y un grande y poderoso viento que rompía los montes, y quebrara las peñas delante de Jehová, pero Jehová no estaba en el viento. Y tras el viento un terremoto; pero Jehová no estaba en el terremoto. Y tras el terremoto, un fuego; pero Jehová no estaba en el fuego. Y tras el fuego, un silbo apacible y delicado."

El tornado, la tormenta y el temblor de tierra fueron para traerlo a reverencia. Dios no estaba en ellos, él estaba en el silbo apacible. Con ello daba a entender que los terrores de la Ley del Antiguo Testamento, darían lugar al silbo apacible del Evangelio de la Gracia.

Versos 6-13: "Porque a la nieve dice: Desciende a la tierra; También a la llovizna, y a los aguaceros torrenciales. Así hace retirarse a todo hombre, Para que los hombres todos reconozcan su obra. Las bestias entran a en su escondrijo, Y se están en sus moradas. Del sur viene el torbellino,

Y el frío de los vientos del norte. Por el soplo de Dios se da el hielo, Y las anchas aguas se congelan. Regando también llega a disipar la densa nube, Y con su luz esparce la niebla. Asimismo por sus designios se revuelven las nubes en derredor, Para hacer sobre la faz del mundo, En la tierra lo que él les mande. Una veces por azote, otras por causa de la tierra, Otras por misericordia las hará venir."

Las maravillas de la creación de Dios espantan al más valiente. La nevada, las heladas, las inundaciones, los tornados producidos por el calor que viene del sur, y el viento frío que viene del norte. Las tempestades, hacen que el hombre reconozca que Dios existe, y claman a él.

Versos 14-20 "Escucha esto, Job; Detente y considera las maravillas de Dios. ¿Sabes tú cómo Dios las pone en concierto, Y hace resplandecer la luz de su nube? ¿Has conocido tú las diferencias de las nubes, Las maravillas del Perfecto en sabiduría? ¿Por qué están calientes tus vestidos Cuando él sosiega la tierra con el viento del sur? ¿Extendiste tú con él los cielos, Firmes como un espejo fundido? Muéstranos qué le hemos de decir; Porque nosotros no podemos ordenar las ideas a causa de las tinieblas. ¿Será preciso contarle cuando yo hablare? Por más que el hombre razone, quedará como abismado."

Hay tres clases de nubes: Cúmulos, de agua. Cirrus, en manchas. Stratus, líneas. Unas veces vienen por azote al hombre, y otras por misericordia. El habla del arcoíris en el verso 15, y de cómo el hombre queda maravillado y entontecido ante las maravillas de Dios.

Versos 21-24: "Mas ahora no se puede mirar la luz esplendente de los cielos, Luego que pasa el viento y los limpia. Viniendo de la parte del norte la dorada claridad. En Dios hay una majestad terrible. Él es Todopoderoso, la cual no alcanzamos, grande en poder; Y en juicio y en multitud de justicia no afligirá. Lo temerán por tanto los hombres; El no estima a ninguno que cree en su propio corazón ser sabio."

Nadie puede fijar su mirada en el sol. El también habla de la aurora boreal, en el norte. Sin embargo, sobre el creyente ha nacido el Sol de Justicia, que es Cristo, y vivimos en Su luz. ¿Quién se sentirá sabio en Su presencia? Somos fruto de la obra de Sus manos.

CAPÍTULO # 38

¡DIOS RESPONDE!

Verso 1: "Entonces respondió Jehová a Job desde un torbellino, y dijo"

Al no ponerse de acuerdo Job y sus amigos; que a pesar de haber sido tan crueles con él; al menos le habían entretenido con su compañía y sus discursos; Dios, quien había estado escuchado con paciencia; toma la palabra. El paraíso perdido es restaurado. Dios habla de en medio de un tornado.

Verso 2-3: "¿Quién es ése que oscurece el consejo con palabras sin sabiduría? Ahora ciñe como varón tus lomos; Yo te preguntaré, y tú me contestarás."

Dios hace dos cosas: 1: Convence a los creyentes de sus faltas. 2: Muestra a los demás lo justos que son los creyentes. Él le dice a Job: "Amárrate bien la correa."

Versos 4-7: "¿Dónde estabas tú cuando yo fundaba la tierra? Házmelo saber, si tienes inteligencia. ¿Quién ordenó sus medidas, si lo sabes? ¿Quién extendió sobre ellas cordel? ¿Sobre qué están fundadas sus bases? ¿O quién puso su piedra angular? ¿Cuándo alababan todas las estrellas del alba, Y se regocijaban todos los hijos de Dios?"

Ni Job ni sus amigos sabían, pero nosotros sí; porque la Palabra nos declara en Hebreos capt.1 acerca de la restauración del Hijo de Dios a su gloria primera; después de haber llevado a cabo nuestra redención. En el verso 10, el Padre, glorificando al Hijo dice: "Tú, oh Señor, en el principio fundaste la tierra, Y los cielos son obra de tus manos."

Los ángeles, hijos de Dios por creación: los querubines, las estrellas del alba. (Satanás es llamado; Querubín, Lucero, estrella.)

Hace 6 siglos, en el 1492 DC, Colón descubrió que la tierra era redonda; pero Isaías 40: 22 había declarado que era redonda hace 27 siglos.

Sin embargo, esto se puede aplicar a la creación de la Iglesia. La piedra angular es Cristo; el fundamento es la doctrina de los apóstoles y profetas, y los hijos son los creyentes.

Versos 8-11: "¿Quién encerró con puertas el mar, Cuando se derramaba saliéndose de su seno, Cuando puse yo nubes por vestidura suya, Y por su faja oscuridad Y establecí mi decreto, Le puse puerta y cerrojo, Y dijo: Hasta aquí llegarás, y no pasarás adelante, Y ahí parará el orgullo de tus olas?"

En estos versos vemos la creación del mar, como un bebé con faja en el ombligo. El Señor lo puso a dormir en su cuna, de la cual no puede salir. El mar aquí es tipo del diablo derrotado por Cristo. Él está restringido.

Versos 12-14: "¿Has mandado tú a la mañana en tus días? ¿Has mostrado al alba su lugar, Para que ocupe los fines de la tierra, Y para que sean sacudidos de ella los impíos? Ella muda de aspecto como barro bajo sello, Y viene a estar como con vestidura."

El Salmo 139: 14, dice que Dios estaba presente cuando nos estaba formando en el vientre de nuestra madre. La tierra vomita a los impíos. Por eso mueren jóvenes. Dios declara también que los fuegos en los bosques es la forma de renovarse la tierra, y de deshacerse de las ramas secas para que broten los renuevos.

Verso 15: "Mas la luz de los impíos es quitada de ellos, Y el brazo enaltecido es quebrantado." Las obras de las tinieblas serán destruidas, y los orgullosos y rebeldes, serán destruidos con ellas.

Versos 16-18: "¿Has entrado tú hasta las fuentes del mar, Y has andado escudriñando el abismo? ¿Te han sido descubiertas las puertas de la muerte, Y has visto las puertas de la sombra de muerte? ¿Has considerado tú las anchuras de la tierra? Declara si sabes todo esto."

Job no podía contestar nada de esto, porque no estaba la Palabra escrita; pero la Palabra lo declaró 577 años más tarde en Eclesiastés 1:7: **"Los ríos todos van al mar, y el mar no se llena; al lugar de donde los ríos vinieron, allí vuelven para correr de nuevo."** Los ríos subterráneos, alimentan el mar.

Las puertas de la muerte se abren para los impíos; las puertas de la sombra de muerte para los creyentes, quienes ya resucitaron con Cristo. Para el creyente, la muerte física es un desnudarse de este tabernáculo, y vestirse de la casa no hecha de manos, que Dios ha preparado para él: (2 Corintios 5:1)

El Salmo 104:5-9 dice: *"El fundó la tierra sobre sus cimientos; jamás será removida. Con el abismo, como con vestido la cubriste. Sobre los montes estaban las aguas. A tu represión huyeron: Al sonido de tu trueno se apresuraron; Subieron los montes, descendieron los valles, Al lugar que tú le fundaste. Le pusiste término, el cual no traspasarán, ni volverán a cubrir la tierra."*

La tierra está cubierta con el abismo. La tierra es una bola, cubierta por una capa de atmósfera que se eleva a 43 mil pies. Sobre la atmósfera hay un gas azuloso llamado Ozono. La ley de gravedad nos mantiene pegados a la tierra. De no ser así, caeríamos al abismo, y el Ozono nos desintegraría. ¿Dónde es arriba en Argentina; Dónde es abajo en Alaska?

Versos 18-21: "¿Has considerado tú hasta las anchuras de la tierra? Declara si sabes todo esto. ¿Por dónde va el camino a la habitación de la luz, Y dónde está el lugar de las tinieblas, Para que las lleves a sus límites, Y entiendas las sendas de su casa? ¡Tú lo sabes! Pues entonces ya habías nacido, Y es grande el número de tus días."

Job no conocía las medidas de la tierra. Desde que Cristo trajo la luz a los que habitaban en sombra de muerte; el hombre ha descubierto la medida de la tierra. De ancho, o de este a oeste, tiene 24,926.55 millas; de largo o de norte a sur, tiene 24,859. 82 millas. La luz eléctrica, ha descubierto el lugar de las tinieblas. El Evangelio es la luz que ilumina al hombre y lo saca de las tinieblas. La ignorancia de la Palabra de Dios, es la peor de las tinieblas.

Versos 22-23: "¿Has entrado tú en los tesoros de la nieve, O has visto los tesoros del granizo, Que tengo reservados para el tiempo de angustia, Para el día de la guerra y de la batalla?"

Estas son algunas de las armas de guerra de Dios. **El** Señor pelea a pedradas. En Éxodo 9, tenemos la plaga de granizo sobre Egipto. En Josué 10.11 está la batalla de Josué contra los amorreos."

"Fueron más los que murieron por las piedras de granizo que los que los que los hijos de Israel mataron a espada." Jueces 5: 20 dice: "Desde los cielos pelearon las estrellas; Desde sus órbitas pelearon contra Sísara." Apocalipsis 8:7, 16:21. Dice que durante la Gran Tribulación habrá plagas de granizo.

Versos 24-27: "¿Por qué camino se reparte la luz, Y se esparce el viento solano sobre la tierra? ¿Quién repartió conducto al turbión, Y el camino a los relámpagos y truenos, Haciendo llover sobre la tierra deshabitada, Sobre el desierto, donde no hay hombre, Para saciar la tierra desierta e inculta, Y para hacer brotar la tierna hierba?"

El viento solano es el que produce la Niña, que viene de Este. El turbión viene del Oeste: el Niño. Estos dos vientos son los que traen los huracanes. Los huracanes, a pesar de ser tan destructivos hacia la propiedad, es una necesidad. Ellos purifican el aire, y traen el agua necesaria para las plantas y los animales.

Dios usa los vientos para podar los árboles para que se reproduzcan y den fruto. Hasta el desierto recibe alguna agua para satisfacer a los animales que viven en él.

Versos 28-30: "¿Tiene la lluvia padre? ¿O quién engendró las gotas de rocío? ¿De qué vientre salió el hielo? Y la escarcha del cielo, ¿quién la engendró? Las aguas se endurecen como piedra, Y se congela la faz del abismo."

El Creador del Universo pensó en todo. El controla cada forma de vida. Entre los copos de nieve no hay dos iguales. Así en el cuerpo humano, no hay dos iguales. Aunque ha creado piedras preciosas de diversas variedades, no ha envuelto en ella inferioridad. Así tampoco en el ser humano, ha creado inferioridad. Todos hemos sido creados en su imagen.

Versos 31-33: "¿Podrás tú atar los lazos de las Pléyades, O desatarás las ligaduras del Orión? ¿Sacarás tú a su tiempo las constelaciones de los cielos, O guiarás a la Osa Mayor con sus hijos? ¿Supiste tú las ordenanzas de los cielos? ¿Dispondrás tú de su potestad en el tierra?"

Las Pléyades, son las estrellas que salen en la primavera. El Orión es la estrella que sale en invierno.

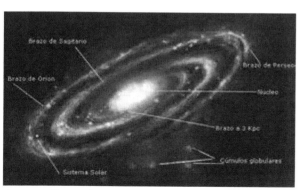

CONSTELACIÓN DE ORIÓN

La Osa Mayor se ve al Norte, al Sur se ve la Cruz del Sur. A pesar que hay tan gran número de planetas y de constelaciones de estrellas, ninguna choca con otra. La ley de gravedad funciona en todas ellas.

Versos 34-38: "¿Alzarás tú a las nubes tu voz, Para que te cubra muchedumbre de aguas?" (Como hacen los indios con sus danzas y gritos rituales para pedir agua). "¿Enviarás tú los relámpagos para que vayan? ¿Y te dirán ellos: Henos aquí?"

"¿Quién puso la sabiduría en el corazón del hombre? ¿O quién dio al espíritu inteligencia?" La sabiduría y la inteligencia proceden del espíritu del hombre. Es la semilla de Dios en él. Lo que no sabemos es cómo se une espíritu al cuerpo.

"¿Quién puso por cuenta los cielos con sabiduría? Y los odres de los cielos, ¿quién los hace inclinar?" Dios tiene depósitos de aguas en la nubes; y en la estratósfera tiene grandes montañas de hielo.

"¿Cuando en polvo se ha convertido en dureza, Y los terrones se han pegado unos con otros?" Dios sabe cuándo la tierra necesita agua. Si él está en control de la tierra, que es nuestro hogar: ¡Cuánto más de sus hijos!

Versos 39.40: "¿Cazarás tú la presa para el león? ¿Saciarás el hambre de los leoncillos, Cuando están echados en cuevas O se están en sus guaridas para acechar?"

La Naturaleza tiene un balance. Los animales inferiores sirven de alimento a los leones, y a los carnívoros. Los débiles y los enfermos y los viejos, son alimento para los animales fuertes. La ley de la selva es que el más fuerte se come al débil. De esta manera Dios asegura la continuidad de las especies. Los ratones y los conejos se multiplican mucho porque son el alimento de otras especies.

Versos 23- 24: "Él es el Todopoderoso, al cual no alcanzamos, grande en poder; Y en juicio y en multitud de justicia no afligirá. Lo temerán por tanto los hombres; El no estima a ninguno que se cree en su propio corazón ser sabio."

Dios aborrece a los soberbios, pero da gracia a los humildes.

CAPITULO # 39

Versos 1.4: "¿Sabes tú el tiempo en que paren las cabras monteses? ¿O miraste tú las ciervas cuando están pariendo? ¿Contaste tú los meses de su preñez, Y sabes el tiempo cuando han de parir? Se encorvan, hacen salir sus hijos. Pasan sus dolores. Sus hijos se fortalecen, crecen con el pasto; Salen, y no vuelven a ellas."

Las cabras y las ciervas paren después de las tempestades. Ellas son animales muy ariscos. A los animales le dan dolores de parto, y se quejan, pero paren sin médico y sin epidural. Cuidan sus hijos mientras están pequeños, y luego éstos se olvidan de sus madres.

Versos 5-8: "¿Quién echó libre al asno montés, Y quién soltó sus ataduras? Al cual yo puse casa en la soledad, Y sus moradas en lugares estériles. Se burla de la multitud de la ciudad; No oye las voces del arriero. Lo oculto de los montes es su pasto, Y anda buscando toda cosa verde."

El asno montés puede ser domado. Como trabaja, come. El impío es comparado al asno montés. No oye la voz de Dios. Es terco. Se alimenta de lo oculto y la mentira.

Versos 9-12: "¿Querrá el búfalo servirte a ti, O quedar en el pesebre? ¿Atarás tú al búfalo con coyunda para el surco? ¿Labrará los valles en pos de ti? ¿Confiarás tú en él, por ser grande su fuerza, Y le confiarás tu labor? ¿Fiarás de él para que recoja tu semilla, Y la junte en tu era?"

Aquí Dios habla del bisonte. A éste no se doma como a buey. En la India doman a búfalo, y en África también algunos doman al búfalo de agua, pero son animales muy salvajes. Los indios americanos comían la carne del bisonte, y su piel servía para vestidos y para cubrir sus Tepes. El búfalo es conocido como el Unicornio, en la mitología.

Versos 13-18: "¿Diste tú alas al pavo real, O alas y plumas al avestruz? El cual desampara en tierra sus huevos, Y sobre el polvo los calienta, Y olvida que el pie los puede pisar, Y que puede quebrarlos la bestia del campo. Se endurece para con sus hijos como si no fueran suyos, No temiendo que su trabajo haya sido en vano; Porque le privó Dios de sabiduría, Y no le dio inteligencia. Luego que se levanta en alto, Se burla del caballo y de su jinete."

El pavo real es un ave hermosa, de bellos colores. Cuando abre su cola nos maravillamos de la belleza de su plumaje. Es tipo de la persona orgullosa de su belleza. Sin embargo, tiene las patas más feas. Como las feas patas del pavo real, es el orgullo de las personas que tienen belleza física sin tener sabiduría. Es de más valor la gracia que la belleza.

El avestruz se conoce como el camello con alas. Es símbolo del hombre que no tiene a Cristo; que tiene fuerza física y dinero, sin tener sabiduría. El, como el avestruz, no tiene sentimientos, ni responsabilidad. Muchos se endurecen para con los hijos y no los quieren mantener. Aunque el avestruz corre más ligero que el caballo, los demás animales no le envidian.

Versos 19-25: "¿Diste tú al caballo la fuerza? ¿Vestiste tú su cuello de crines ondulantes? ¿Le intimidarás como a langosta? El resoplido de su nariz es formidable. Escarba en la tierra, se alegra en su fuerza, Sale al encuentro de las armas; Hace burla del espanto, y no teme, Ni vuelve el rostro delante de la espada. Contra él suenan la aljaba, El hierro de la lanza y de la jabalina; Y él con ímpetu y furor escarba la tierra, Sin importarle el sonido de la trompeta; Antes como que dice entre los clarines: ¡Ea! Y desde lejos huele la batalla, El grito de los capitanes, y el vocerío."

La descripción del caballo. El usa la fuerza en beneficio de los hombres, aunque no la recibió de ellos, sino de Dios. A pesar de tener fuerza tan formidable es domado por el hombre. No le teme a la batalla, ni a la espada, ni al sonido de la aljaba llena de flechas, ni a la lanza, ni a la jabalina. Este es tipo del creyente con la mente renovada por la Palabra de Dios, enfrentándose a las huestes de tinieblas, para liberar a los cautivos del diablo con el evangelio, sin dar un paso atrás.

Versos 26-30: "¿Vuela el gavilán por tu sabiduría, Y extiende hacia el sur sus alas? ¿Se remonta el águila por tu mandamiento, Y pone en alto su nido? Ella habita y mora en la peña, En la cumbre del peñasco y de la roca, Desde allí acecha la presa; sus ojos observan de lejos. Sus polluelos chupan la sangre; Y donde hubiere cadáveres, allí está ella."

El gavilán vuela hasta en invierno, cuando las otras aves han emigrado por miedo al frío. El y el águila son aves de rapiña, y pertenecen al ejército de sanidad de Dios.

El águila vive 80 años y es muy peculiar. Ella hace su nido de espinas, y lo cubre con las plumas que se arranca. Allí deposita sus huevos, y nacen los polluelos. Ella los alimenta; pero mientras van creciendo, va echado las plumas fuera del nido, hasta dejarlo en las espinas.

Entonces toma cada uno de los hijos y lo lleva a lo más alto de la montaña. De allí los empuja al vacío, cuando van cayendo ella se va por debajo y no los deja caer al abismo; y así los enseña a volar. Luego los echa del nido, y no los conoce más.

Esta es una buena lección para nosotros. Los judíos dicen que el que no enseña a sus hijos a trabajar, debe esperar que sean ladrones. El águila es también tipo del creyente con la mente renovada. Él se ha educado en un nido de águilas, donde aprende a usar la espada de la Palabra en la batalla espiritual; no en un gallinero donde sólo se aprende a ser víctima de los demonios. Un gallinero es un lugar donde se predica psicología y filosofía de hombres, no la Palabra de Dios.

CAPITULO # 40

Versos 1-2: "Además respondió Jehová a Job, y dijo: ¿Es sabiduría contender con el Omnipotente? El que disputa con Dios, responda a esto."

El Señor es soberano. Contender con él es como dar coces contra el aguijón.

Versos 3-5: "Entonces respondió Job a Jehová, y dijo: He aquí yo soy vil; ¿y qué te responderé? Mi mano pongo sobre mi boca. Una vez hablé, mas no responderé; Aun dos veces, mas no volveré a hablar."

Así nosotros ponemos nuestro rostro en tierra al enfrentarnos al Señor, y a su maravillosa Palabra.

Versos 6-9: "Respondió Jehová a Job desde el torbellino, y dijo: Cíñete como varón tus lomos; Yo te preguntaré, y tú me responderás. ¿Invalidarás tú también mi juicio? ¿Me condenarás a mí, para justificarte tú? ¿Tienes tú un brazo como el de Dios? ¿Y truenas con voz como la suya?"

Dios pregunta a Job. ¿Te justificas? ¿Me condenarás a mí, para justificarte tú? Esto precisamente fue lo que Cristo hizo. Él fue hecho maldición por nosotros; (Gálatas. 3:13). Entonces le pregunta si tiene un brazo como el de Dios. El brazo de Jehová no se acorta, (Números 11:23, Isaías 59:1). El suple a sus hijos, a los pecadores y a toda la creación.

Versos 10-14: "Adórnate ahora de majestad y de alteza, Y vístete de honra y de hermosura. Derrama el ardor de tu ira; Mira a todo altivo, y abátelo. Mira a todo soberbio, y humíllalo, Y quebranta a los impíos en su sitio. Encúbrelos a todos en el polvo, Encierra sus rostros en la oscuridad; Y yo también te confesaré Que podrá salvarte tu diestra."

El Señor desafía a Job, que se ha justificado tanto de sus buenas obras y su buena conducta. ¡Haz esto si puedes!
Muchos creen que pueden hacerlo. Los asesinos creen que las personas les pertenecen; por eso le quitan la vida.

Entonces Dios le pregunta si puede quebrantar a los pecadores y encerrarlos en el infierno. Note que aunque en el infierno hay fuego, no hay luz. Densas tinieblas acompañan al fuego. Entonces le dice. "Si puedes hacer estas cosas, entonces podrás salvarte por tus buenas obras."

Versos 15-18: "He aquí ahora el behemot, el cual hice como a ti; Hierba come como buey. He aquí ahora, que su fuerza está en sus lomos, Y su vigor en los músculos de su vientre. Su cola mueve como un cedro, Y los nervios de sus muslos están entretejidos. Sus huesos son fuertes como el bronce, Y sus miembros como barras de hierro."

Aquí parece referirse al cocodrilo, por la cola; al hipopótamo, el caballo del río por la comida; o al rinoceronte: Sin embargo puede referirse a una bestia que cuya especie se extinguió hace tiempo.

Verso 19: "Él es el principio de los caminos de Dios; El que lo hizo, puede hacer que su espada a él se acerque."

Los ángeles, querubines, y serafines fueron creados en el mismo principio, antes que la tierra estuviera desordenada y vacía. De modo que el diablo fue creado en el mismo principio. El que lo creó es el mismo que lo derrotó.

Dios creó las aves y los dinosaurios en el periodo quinto de la creación. Los dinosaurios perecieron durante la edad de hielo. Los animales que hoy existen, fueron creados en el periodo sexto, antes de la creación del hombre.

Versos 20-24: "Ciertamente los montes producen hierba para él. Y toda bestia del campo retoza allá. Se echará debajo de las sombras, en lo oculto de las cañas y de los lugares húmedos. Los árboles sombríos lo cubren con su sombra; Los sauces del arroyo lo rodean. He aquí sale la madre el río, pero él no se inmuta; Tranquilo está, aunque todo un Jordán se estrelle contra su boca. ¿Lo tomará alguno cuando está vigilante, y horadará su nariz?"

¿Qué animal puede ser este? Parece referirse al cocodrilo, que era adorado como el dios Hapi en Egipto, junto con el dios Nut, la vaca con estrellas en la cola. Esta eran deidades de la mitología egipcia. Fue a estos dioses que el Faraón fue adorar en el río. (Éxodo 7:14-25) O tal vez se refiere a algún otro animal que se ha extinguido.

Hay cantidad de animales, como la anaconda, que producen terror a los hombres.

CAPÍTULO # 41
Retrato se Satanás

Versos 1-2 "¿Sacarás al leviatán con anzuelo, o con cuerda que le eches en su lengua? ¿Pondrás tú soga en sus narices, Y horadarás con garfio su quijada?"

Una gran cantidad de animales y reptiles se han extinguido, mientras especies nuevas se van descubriendo cada año. Sin embargo, el leviatán es un tipo del dragón, la serpiente antigua.

Versos 3-7: "¿Multiplicará él ruegos para contigo? ¿Te hablará lisonjas? ¿Hará pacto contigo Para que lo tomes por siervo perpetuo? ¿Jugarás con él como un pájaro, O lo atarás para tus niñas? ¿Lo repartirán entre los mercaderes? ¿Cortarás tú con cuchillo su piel, O con arpón de pescadores su cabeza?"

Algunos creen que el leviatán existe en medio del mar, pero nadie lo ha visto. Lo cierto es que este parece ser un retrato del diablo. Cristo derrotó a Satanás con su Sacrificio por el hombre, y aunque derrotado, anda suelto hasta que se cumpla el contrato adámico. El Señor le hirió en la cabeza; le quito la autoridad sobre el creyente; él aun le hiere el calcañar; la Iglesia.

EL LEVIATÁN

Aunque muchos creyentes bebés e ignorantes dicen que le pisan la cabeza al diablo, lo cierto es que es una potestad, y nosotros no debemos hablar sandeces en su contra porque es una potestad.

2 Pedro 2:10, dice que *"los atrevidos y contumaces no temen hablar mal de la potestades superiores, mientras que los ángeles, que son mayores en fuerza y en potencia, no pronuncian juicio de maldición contra ellas delante del Señor."*

También en Judas 1:8-9 dice *"...blasfeman de las potestades superiores. Pero cuando el arcángel Miguel contendía con el diablo, disputando con él por el cuerpo de Moisés; (el pueblo Israelita); no se atrevió a proferir juicio de maldición contra él, sino que dijo: El Señor te reprenda."*

Versos 8- 11: "Pon tu mano sobre él; Te acordarás de la batalla, y nunca más volverás. He aquí que la esperanza acerca de él será burlada, Porque aun a su sola vista se desmayarán. Nadie hay tan osado que lo despierte; ¿Quién, pues, podrá estar delante de mí? ¿Quién me ha dado a mí primero, para que yo restituya? Todo lo que hay debajo del cielo es mío."

A pesar que el diablo es una potestad derrotada por Cristo, nosotros no podemos hacerle frente sin Cristo. Sin embargo, Cristo es mayor que Satanás, y nosotros podemos deshacer las obras del diablo en el Nombre de Jesús; pero al diablo en sí, es mejor dejárselo a Cristo.

Todo lo que hay; no solo debajo del cielo, sino en todo el universo, es de Dios, (Salmo 50: 12, Salmo 24).

Versos 12-17: "No guardaré silencio sobre sus miembros, Ni sobre sus fuerzas y la gracia de su disposición. ¿Quién descubrirá la delantera de su vestidura? ¿Quién se acercará a él con su freno doble? ¿Quién abrirá las puertas de su rostro? Las hileras de sus dientes espantan. La gloria de su vestido son escudos fuertes, cerrados entre sí estrechamente. El uno se junta con el otro; Que viento no entra entre ellos. Pegado está el uno con el otro; Están trabados entre sí, que no se pueden apartar."

Si pensamos que esta es la descripción de la vestidura de Satanás, tenemos que ir a Ezequiel 28:13: *"En Edén, en el huerto de Dios estuviste; de toda piedra preciosa era tu vestidura; de cornerina, topacio, jaspe, crisolito, berilo y ónice; de zafiro. Carbunclo. Esmeralda y oro, los primores de tus tamboriles y flautas estuvieron preparados para ti en el día de tu creación."*

Versos 18-21: "Con sus estornudos enciende lumbre, Y sus ojos son como los párpados del alba. De su boca salen hachones de fuego; Centellas de fuego proceden. De sus narices sale humo, Como de una olla o caldero que hierve. Su aliento enciende los carbones, Y de su boca sale llama."

Esta es la descripción de un dragón. Es interesante ver que en China, se adora al dragón. El río Jantze tiene la forma de un dragón. No sabemos que esta especie haya existido fuera de la mitología. Sabemos que el diablo se llama "Dragón"

Isaías 27:1, dice: *"En aquel día Jehová castigará con su espada dura, grande y fuerte al leviatán serpiente veloz, y al leviatán, serpiente tortuosa; y matará al dragón que está en el mar."*

Lo que sigue es la descripción de la protección de Dios a la viña del vino rojo: Israel. El leviatán, es Asiria; la serpiente tortuosa es Babilonia, y el dragón del mar es Egipto. Isaías 51:9, se refiere al dragón como el Faraón de Egipto. Que haya existido un dragón literal no es seguro. Sin embargo, el Salmo 91: 13, lo relaciona con Satanás. "Hollarás al cachorro de león y al dragón."

Ezequiel 29: 3 también se refiere al Faraón como el dragón. *"..He aquí yo estoy contra ti, Faraón rey de Egipto, el gran dragón que yace en medio de sus ríos, el cual dijo: Mío es el Nilo, pues yo lo hice. Yo, pues, pondré garfios en tus quijadas, y pegaré los peces de tus ríos a tus escamas y te sacaré de en medio de tus ríos, y todos los peces de tus ríos saldrán pegados a tus escamas."*

Por estos versos nos damos cuenta que la mención del dragón en la Biblia es algo simbólico.

Versos 22-25: "En su cerviz está la fuerza, Y delante de él se esparce el desaliento Las partes más flojas de su carne están endurecidas; Están en él firmes, y no se mueven. Su corazón es firme como una piedra, Y fuerte como al muela de abajo. De su grandeza tienen temor los fuertes, Y a causa de su desfallecimiento hacen por purificarse."

Estos versos describen el terror que produce el diablo a las personas. Todas las religiones del mundo creen en un diablo. Cada una pretende dar el remedio para escapar de su dominio. Esta es la razón para los altares, las catedrales, los sacerdocios y los sacrificios de los que no tienen a Cristo.

Versos 26-30: *"Cuando alguno lo alcanzare, Ni espada, ni lanza, ni dardo, ni coselete durará. Estima como paja el hierro, Y el bronce como leño podrido. Saeta no le hace huir; Las piedras de honda le son como paja. Tiene toda arma por hojarasca, Y del blandir de la jabalina se burla. Por debajo tiene agudas conchas; Imprime su agudez en el suelo."*

Contra Satanás no hay arma de guerra. No valen ritos, ni rezos. El no respeta ni el agua bendita de los exorcistas, ni la cruz. Es inútil todo esfuerzo humano por librarse de su dominio. Lo único que hace que retroceda es el Nombre de Jesús en los labios de los creyentes los que han aceptado a Cristo como Salvador, y se someten a Su Señorío...

Versos 31-34: *"Hace hervir como una olla el mar profundo, Y lo vuelve como una olla de ungüento. En pos de sí hace resplandecer la senda, Que parece que el abismo es cano. No hay sobre la tierra quien se le parezca; Animal hecho exento de temor. Menosprecia toda cosa alta; Es rey sobre todos los soberbios."*

Aquí describe a Satanás como ángel de luz, y el engaño del ocultismo. Él es rey de los soberbios, los orgullosos, y todos los pecadores. El único que lo pudo derrotar fue Cristo, su Creador.

Aparentemente con la descripción del leviatán, o el dragón, Jehová le había explicado a Job quién realmente era el que le había causado tanto daño.

CAPÍTULO # 42

Versos 1-6: *"Respondió Job a Jehová, y dijo: Yo conozco que todo lo puedes, Y que no hay pensamiento que se esconda de ti. ¿Quién es el que oscurece el consejo sin entendimiento? Por tanto yo hablaba lo que no entendía; Cosas demasiado maravillosas para mí, que yo no comprendía. Oye, te ruego, y hablaré; Te preguntaré y tú me enseñarás. De oídas te había oído; Mas ahora mis ojos te ven. Por tanto me arrepiento en polvo y ceniza."*

Ahora Job comprende su equivocación al tratar de justificarse por sus obras. El declara que realmente no tenía ningún entendimiento de la causa de sus problemas, pero ahora, reconoce sus faltas y aprende la lección. La Palabra abre el entendimiento y enseña al que está dispuesto a aprender.

El diablo reinaba como rey en el reino de la muerte espiritual, hasta que viniera el Redentor a librar a la raza humana de su dominio. Cristo gustó la muerte por todos, pero el hombre debe entrar en el pacto en la Sangre de Cristo para librarse del diablo legalmente. Hay una salvación, comprada y pagada, esperando por cada ser humano en la tierra. Seamos fieles en llevarle las Buenas Noticias.

Versos 7-8: "Y aconteció que después que habló Jehová estas palabras a Job, Jehová dijo a Elifaz tamañita: Mi ira se encendió contra ti y tus dos compañeros; porque no habéis hablado de mí lo recto, como mi siervo Job. Ahora, pues, tomaos siete becerros, y siete carneros, e id a mi siervo Job, Y ofreced holocausto por vosotros, y mi siervo Job orará por vosotros; porque de cierto a él atenderé para no trataros afrentosamente, por cuanto no habéis hablado de mí con rectitud, como mi siervo Job."

Ahora Jehová habla a los amigos de Job, y los reprende por haber hablado de Dios lo que no era recto. Ellos debían ir donde Job con sus ofrendas para que Job las ofreciese en holocausto e intercediera por ellos.

Es muy peligroso atacar a los hermanos que están en autoridad delegada por Dios, con nuestras críticas y opiniones. La relación de ellos con Dios es algo personal entre ellos, y nosotros nunca conocemos lo que hay en el corazón de nadie. Por eso el Señor nos ordena a no juzgar, para que no seamos juzgados.

Versos 10-11: "Y quitó Jehová la aflicción de Job, cuando él hubo orado por sus amigos; y aumentó al doble todas las cosas que habían sido de Job. Y vinieron a él todos sus hermanos y todas sus hermanas, y todos los que antes le habían conocido, y comieron con él pan en su casa, y se condolieron de él. Y le consolaron de todo aquel mal que Jehová había traído sobre él; y cada uno de ellos le dio una pieza de dinero, y un anillo de oro."

Job había pasado la prueba que Jehová le había permitido. Él tuvo que orar por sus amigos que tanto le torturaron, aunque en medio de la prueba, ellos, con sus ataques, hacían que Job quitara la mente de sus problemas físicos. Así que aun entre los que nos persiguen, vemos la mano de la misericordia de Dios.

Los familiares de Job, que se había separado de él como parte de la prueba; regresaron con regalos. La gracia había sido devuelta a Job, y tocó los corazones de ellos para darle a Job sustancia para comenzar de nuevo.

Versos 12-13: "Y bendijo Jehová el postrer estado de Job más que el primero; porque tuvo catorce mil ovejas, seis mil camellos, mil yuntas de bueyes, y mil asnas, y tuvo siete hijos y tres hijas."

El Señor bendijo a Job, y le dio el doble de lo que el diablo le había quitado. Esto nos recuerda Prov. 6:30-31: "No tienen en poco al ladrón si hurta para saciar su apetito cuando tiene hambre; pero si es sorprendido, pagará siete veces; Entregará todo el haber de su casa."

El diablo había sido sorprendido; debía entregar siete veces lo robado a Job. Así nosotros podemos demandar en el Nombre de Jesús; que el diablo nos devuelva lo que nos ha robado; salud, finanzas, familia, trabajo etc. Él ha sido sorprendido; ¡Debe devolver siete veces lo robado! Pastor: Tú puedes demandar en el Nombre de Jesús que el diablo te devuelva las ovejas que te ha robado.

Job tuvo siete hijos y tres hijas. Tal vez tuvo una mujer más joven que pudiera darle los diez hijos que había perdido. Su primera esposa no se menciona más.

Verso 14: "Llamó el nombre de la primera Jemima, (Alba, Aurora); el de la segunda, Cesia, (especia olorosa); (sanó la úlcera apestosa); El de la tercera, Keren-hapuc, (Dios secó las lágrimas de mi rostro).

Verso15: "Y no había mujeres tan hermosas como las hijas de Job en toda la tierra; y les dio su padre herencia entre sus hermanos."

Es importante darse cuenta que en el Antiguo Testamento se mencionaba la belleza física de la mujer; en el Nuevo Testamento, se menciona su belleza espiritual.

Versos 16-17: "Después de esto vivió Job ciento cuarenta años, y vio a sus hijos, y a los hijos de sus hijos, hasta la cuarta generación. Y murió Job viejo y lleno de días."

Esto nos recuerda la promesa del Salmo 91:16: "Lo saciaré de larga vida y le mostraré mi salvación.

Tampa, Florida, Junio 2016

Proof

57669783R00074